KB083295

교토 갈까?

일러두기

1. 이 책의 일본어 표기는 국립국어원의 표기법을 따랐다.

2. 인명, 지명은 일본어로 읽어 주는 것을 원칙으로 하되, 독자의 이해를 돕기 위해 필요에 따라 한자와 우리말 독음을 병기하거나 '금각사', '은각사' 등과 같이 사찰을 비롯한 유물·유적 중 뜻을 지닌 한자어 고유명사는 한자를 우리말로 읽고 괄호 안에 일본어 발음을 병기하기도 하였다.

3. 영화, 연극, 미술작품은 〈 〉, 시와 소설 등의 문학작품은 「 」, 책의 제목은 『 』로 구분하여 표기하였다.

4. 인명의 경우 원문 표기와 생몰연도는 첫 등장 시 괄호 안에 병기하되 재등장 시 필요할 경우에 한하여 재병기하였다.

교토 갈까?

한 권으로 떠나는
한 도시 이야기

장용준 지음

서유재

8월 15일 광복절,
이 책의 첫 문장을 쓰기
시작했습니다.

특별한 이유가 있어서라기보다는
역사를 전공한 사람으로서
그래야만 할 것 같다는
의무감 때문이었습니다.

일본!
'가깝고도 먼 나라'가 분명합니다.
하지만 달리 생각해 보면,
가까우면서도 멀기에 서로를
더 잘 이해할 필요가 있습니다.

함께 교토 여행을 떠나요.

우리와 일본은
미우나 고우나 인접 국가이기 때문에
입술이 없으면 이가 시린 '순망치한(脣亡齒寒)'의
관계입니다.

이 책은 일본의 천년고도 교토의 역사를 기본 줄기 삼아
문화와 종교를 살피며 오늘날의 일본,
일본인 이야기까지 폭넓게 담았습니다.

교토와 일본에 대한 시야를 넓히는 데
조금이라도 기여했으면 좋겠습니다.
더불어 교토 여행의 행복한
길라잡이가 되었으면 좋겠습니다.

천년고도 교토의 과거와 현재.

우리나라에 천년고도 경주가 있다면, 일본에는 천년고도 교토가 있다. 경주는 기원전 57년 신라의 수도가 된 이래 고려가 개창되는 935년까지 번영을 누렸다. 반면 교토는 794년에 수도가 된 이후 메이지 천황(明治, 1852~1912)이 거처를 도쿄로 옮긴 1869년까지 일본 정치·문화의 중심지였다.

두 도시의 차이는 크다. 경주는 신라와 관련된 역사 유적 이외에 별다른 문화유산이 없다. 하지만 교토는 19세기 중반까지 일본의 역사와 문화 중심지였던 까닭에 여러 시대에 걸친 다양한 이야깃거리와 문화유산이 즐비하다. 특히 처음 수도로 자리 잡던 8세기 말에 중국 당나라의 수도 장안성을 모델로 해 반듯반듯하게 만든 계획도시의 모습이 그대로 남아 있어 지도 하나 달랑 들고서도 곳곳을 쉽게 여행할 수 있다.

이처럼 사전 계획에 의해 건설된 도시를 '헤이안쿄

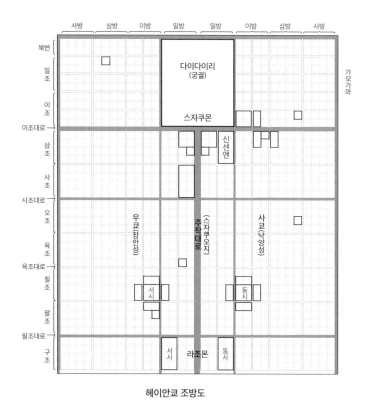

헤이안쿄 조방도

(平安京)'라 했고, 성 내부에 질서정연하게 바둑판처럼 뚫은 길과 구획들은 '조방제(條坊制)'라 했다. '조(條)'는 동서로 곧게 뻗은 큰길을 의미하는데, 오늘날의 교토는 1조대로부터 10조대로까지 총 10개의 큰길이 북에서 남으로 열 지어 동서를 가로지르고 있다. 이 중 9조대로까지는 헤이안쿄 시대에 만들어졌고 훗날 도시가 확장되면서 10조대

로가 추가되었다. '방(坊)'은 직선 도로를 뚫으면서 생긴 네모 모양의 택지를 말하는데, 헤이안쿄는 총 8개의 방으로 구성되어 있다. 그런데 각 방 안에도 작은 직선 도로가 가로세로로 실핏줄처럼 뚫려 있었다. 교토 사람들은 이렇게 만들어진 사방 120미터 정도의 네모진 공간인 '마치(町)' 안에 집을 짓고 살았다.

헤이안쿄의 전체 크기는 동서로 4.5킬로미터, 남북으로 5.2킬로 미터에 달했다. 왕이 사는 궁궐은 북쪽 정중앙에 자리 잡았는데, 궁궐 의 남문을 '스자쿠몬(朱雀門)'이라 했다. 이 문에서 남쪽 성곽 가운데 위치한 '라조몬(羅城門)'까지 3.8킬로미터를 폭 85미터짜리 직선대로 로 뚫어 '주작대로(朱雀大路, 스자쿠오지)'라 했다. 대형 항공기가 뜨고 내리는 인천공항의 활주로가 4킬로미터에, 폭은 60미터 정도 되니, 주작대로가 얼마나 넓고 큰 길인지 상상할 수 있다. 이 길을 주작대로 라고 한 이유는 남쪽 방위를 상징하는 동물이 '주작'이었기 때문이다.

한편, 헤이안쿄는 도시 전체가 크게 두 구역으로 나뉘었다. 주작 대로를 기준으로 동쪽 구역을 '사쿄(左京)', 서쪽 구역을 '우쿄(右京)' 라 했다. 사쿄는 낙양성, 우쿄는 장안성이라고도 했는데, 중국 유명 도시인 장안과 낙양에서 따온 별칭이다.

그런데 안타깝게도 헤이안쿄는 당초 설계했던 것처럼 좌우가 균 형 있게 발전하지 못했다. 주작대로의 서쪽 장안성 지역이 시일이 흐 를수록 황폐해지며, 동쪽 지역인 낙양성 위주로 도시 확장이 이루어 졌다. 그 이유는 교토 서쪽에 흐르는 가쓰라강이 자주 범람해 사람들이 살기 편한 낙양성 쪽으로 몰려들었기 때문이다.

헤이안쿄를 건설한 임금은 제50대 천황 간무(桓武, 737~806)다. 그는 74년간 7대에 걸쳐 수도였던 지금의 나라(奈良)에 있던 헤이조쿄(平城京)를 폐하고 현재 교토 남서쪽 지역에 있는 나가오카(長岡)에 새 도시를 만들어 수도를 옮겼다. 이를 '나가오카쿄(長岡京)'라 한다. 간무 천황의 천도는 번갯불에 콩 볶아 먹듯이 순식간에 이루어졌다. 784년 5월에 천도의 뜻을 밝히고 곧바로 공사에 들어가 6개월 만인 11월에 옮겼다. 천도 이유는 불교 세력이 커지며 정치 관여가 심해지자 이를 배제하고 왕권을 안정적으로 유지하기 위해서였다. 하지만 나가오카쿄로의 천도는 또 다른 문제를 야기했다. 공사가 진행되던 785년 9월 하순경에 수도 건설의 총책임자인 후지와라노 다네츠구(藤原種繼, 737~785)가 살해되었다. 범인을 잡아 조사해 보니 천도를 반대하는 세력의 음모였고, 그 무리 속에는 간무 천황의 친동생이자 다음 천황이 될 태자 사와라(早良, ?~785)도 끼어 있었다. 분노한 간무 천황은 사와라의 태자 지위를 박탈하고 먼 곳으로 유배 보냈다. 사와라는 음모에 가담한 사실이 없다며 조사 기간 내내 결백함을 호소했다. 하지만 유배령은 떨어졌고, 사와라는 억울한 마음을 풀 길이 없어 단식 투쟁을 하며 유배지로 가던 도중 사망했다. 여기서 일이 종결되었다면 교토가 일본의 수도가 되는 일은 없었을시도 모른다.

새 수도 나가오카쿄에서는 불행한 일이 끊이지 않았다. 간무 천황의 어머니가 병사했고 태자마저 이름 모를 병으로 세상을 떠났다. 부인들도 잇달아 죽었다. 전염병이 돌아 민심이 흉흉했고 엎친 데 덮친 격으로 거의 매년 흉년이 들었다. 이에 간무 천황은 용하다고 소문난 점술가를 불러 점을 쳤다. 억울하게 죽은 사와라의 저주 때문이라는 점괘에 놀란 천황은 급히 사와라의 영혼을 위로하는 제사를 크게 지내고 무덤을 새로 단장해 주었다. 효과는? 딱히 없었다. 이에 간무 천황은 수도를 다시 옮겼다. 나가오카쿄를 세운 지 10년 만인 794년의 일이었다. 이로써 현재의 교토가 헤이안쿄란 이름으로 새 수도가 되었으며, 이후 1185년까지를 일본 역사에서는 '헤이안(平安) 시대'라고 칭한다.

그럼 '교토'라는 이름은 언제부터 사용했을까? 교토를 한자로 쓰면 '경도(京都)'이다. '서울 경'에 '고을 도'니 한자 자체로만 보면 '임금이 거주하는 도읍'이라는 보통명사에 불과하다. 하지만 우리나라 수도를 '서울'이라 하는 것처럼 교토도 수도를 의미하는 고유명사가 되었고, 그 시기는 헤이안 시대 말기인 11~12세기경으로 추정된다.

이 시기 국가의 일은 무사 가문인 다이라(平)에서 주도권을 잡고 있었다. 정치적 실권이 별로 없었던 무사들이 정국을 주도하게 된 배경은 의외로 단순했다. 천황으로 상징되는 황실과 후지와라(藤原) 가문으로 상징되는 귀족 세력이 서로 뒤엉켜서 내분을 일으키며 각 세력이 주도권을 잡기 위해 무사들을 끌어들였다. 일본 역사에서 무사 세력이 정치적 싸움에 해결사로 나선 것은 이 시기가 처음이었다. 하지만 힘을 가진 무사들이 전면에 나서서 싸움을 주도하다 보니, 정치권력은 황실과 귀족들 손에서 자연스럽게 무사에게로 넘어갔다. 이 당시에 크게 성장한 무사 가문이 다이라노 기요모리(平清盛, 1118~1181)를 대표로 하는 다이라 가문과 미나모토노 요리마사(源賴政, 1104~1180)로 대표되는 미나모토 가문이었다. 헤이안 시대 말기에 국가 일은 다이라 가문이 주도권을 잡고 처리해 나갔다. 당연히 미나모토 가문에서는 불만이 많았고, 반감을 가진 미나모토노 요리마사가 반기를 들었다. 이렇게 겐페이(源平) 전쟁이 시작되었다.

1180년 교토에서 시작된 전쟁은 지방으로 확대되며 일진일퇴를 거듭하다가 1185년 3월에 지금의 시모노세키 앞바다인 단노우라(壇ノ浦)에서 미나모토 가문의 승리로 끝났다. 정치 주도권은 당시 미나모토 가문의 실력자 미나모토노 요리토모(原賴朝, 1147~1199)에게 돌아갔다. 그는 우리가 일반적으로 '쇼군(將軍, 장군)'이라 칭하는 정이대장군에 임명되어 도쿄 남서쪽에 있는 가마쿠라(鎌倉)에 막부를 설치했다. 이후 1336년 아시카가 다카우지(足利尊氏, 1305~1358)가 가마쿠라 막부를 멸절하고 무로마치(室町) 막부를 세웠다. 비록 상징적 존재에 불과했지만 국가 최고 지도자인 천황이 교토에 살았고 실질적 지배자인 쇼군 또한 교토에 기거하다 보니, 무로마치 시대의 교토는 정치는 물론 경제·문화 등 거의 모든 면에서 일본 전역을 주도해 나갔다. 이때 교토는 인구가 약 20만으로 추정될 정도로 번성했다. 하지만 1467년부터 무려 11년간 벌어진 내전인 오닌의 난으로 완전히 황폐했다. 교토에 남아 있는 것이라고는 천황이 사는 어소(御所)와 쇼군의 저택뿐이라는 말까지 나돌 정도였다. 여기에 엎친 데 덮친 격으로 1494년에는 극심한 가뭄 속에 대화재가 발생해 1만 채 이상의 집이 불타 버렸다. 쇼군의 권위는 땅에 떨어지고 하극상의 풍조가 만연하며 지방 영주인 다이묘(大名)들이 주도권을 잡기 위해 틈만 나면 싸움을 했다. 약육강식의 센고쿠 시대(戰國時代)로 접어든 것이다. 당시 교토 인구가 3만 정도에 불과했다고 하니, 교토의 황폐화가 얼마나 심했는지 짐작할 수 있다.

이러한 교토를 다시 번성시킨 인물이 도요토미 히데요시(豊臣秀吉, 1537~1598)다. 센고쿠 시대의 혼란상을 진압하고 16세기 후반에 일본 전역을 장악한 그는 수도 교토를 개조하기 시작했다. 교토 외곽에 성을 두르고 내부를 5개 구역으로 나누어 낙중, 낙동, 낙서, 낙남, 낙북으로 구분했다. 한편, 교토 시내의 동쪽 변두리였던 가모강 서쪽 강변에는 여러 곳에 흩어져 있던 절들을 집결시켜 불교 세력을 통제함과 동시에 유사시에는 승려들이 교토 수호대가 되어 외적을 방어하도록 했다.

도요토미 히데요시 가문을 멸절시키고 도쿠가와 막부를 개창한 도쿠가와 이에야스(德川家康, 1542~1616)는 1603년에 본인의 영지였던 에도, 즉 오늘날의 도쿄에 막부를 개설했다. 이때부터 정치와 행정의 실질적 주도권은 도쿄로 넘어갔고, 천황의 도시 교토는 종교와 문화 중심지 역할에 만족해야 했다. 에도 막부 시절은 내란이 없는 정치 안정기가 오랜 기간 지속되어 18세기 초반 교토 인구는 40만 정도로 늘었다. 이는 당시 정치 중심지 에도나 경제 주도권을 쥐고 있던 오사카 인구와 비슷한 수준이었다.

이후 교토가 아주 잠깐이지만, 다시 정치의 중심에 선 적이 있다. 서양 세력이 몰려오는 19세기 후반에 지방 하층 무사들이 중심이 되어 에도 막부를 타도하고 왕정복고를 단행한 '메이지 유신(明治維新)' 때다. 그러나 유신의 주역들이 천황을 도쿄로 데려가면서 황실 자체가 도쿄로 옮겨졌다. 수도라는 자부심 하나로 살아온 교토 사람들의 자존심에 멍이 크게 들었다. 그러나 교토 시민들은 좌절하지 않고 교토부 지사를 중심으로 똘똘 뭉쳐 교토 근대화에 나섰다. 동쪽의 큰 산인 히에이산(比叡山)에 터널을 뚫어 일본에서 가장 큰 호수인 비와호(琵琶湖)의 물을 끌어들이는 수로를 건설하여 수력발전을 일으키고 동양 최초로 전차도 다니게 했다. 이런 근대화 사업을 전개하며 교토는 천년 수도 전통에 기반을 둔 근대문화도시로 위상을 새롭게 정립했다. 그 결과 오늘날의 교토시는 전통과 현대가 서로 조화롭게 균형을 이루며 발전하는 인구 150만의 문화·교육·관광 도시로 거듭 났다.

교토 여행 첫날이다.

어느 곳을 먼저 찾아갈까?

아무래도 옛 수도의 풍광이 살아 있는 히가시야마(東山)

남쪽 자락이 좋겠다.

명실상부한 교토의 대표 관광지이자 기요미즈의 무대로

유명한 기요미즈데라, 인연의 신을 모시고 있는 지슈 신사,

원숭이 인형이 즐비하게 걸려 있는 야사카 코신도,

도요토미 히데요시의 부인 네네가 지은 고다이지와 엔토쿠인,

고려 팔만대장경 인쇄본이 소장되어 있는 겐닌지 등

전통 깊은 사찰과 신사가 이곳 일대에 옹기종기 모여 있다.

전통 오차야를 비롯한 음식점, 찻집이 줄줄이 늘어서 있는

기온 거리에서는 운이 좋으면 일본 전통 복식으로 단장한

게이코와 마이코도 볼 수 있을 것이다.

히가시야마의
남쪽 자락을 따라서

① 기요미즈데라
② 지슈 신사
③ 산넨자카
　 니넨자카
　 이치넨자카
④ 야사카 탑
⑤ 야사카 코신도
⑥ 네네의 길
⑦ 고다이지와 엔토쿠인
⑧ 기온가쿠
⑨ 이시베코지
⑩ 겐닌지
⑪ 기온
⑫ 본토초

기요미즈의 무대로 유명한
기요미즈데라

교토는 사시사철 관광객들로 북적이는 도시이다. 연간 800만 명 정도가 교토를 찾아오기에 어느 철에 가더라도 관광객으로 붐빈다. 여행 천국이라 할 수 있는 고도(古都) 교토에서 여행객들이 가장 많이 찾는 관광지를 손꼽아 보라면 킨카쿠지(金閣寺, 금각사)와 더불어 기요미즈데라(淸水寺, 청수사)를 꼽지 않을 수 없다. 봄, 여름, 가을, 겨울 따질 것 없이 1년 내내 사람들의 발길이 끊이지 않는다.

기요미즈데라는 교토 시내 동쪽에 위치한 오토와산(音羽山) 중턱에 자리 잡고 있는 대형 절로 교토가 일본의 수도가 되기 전인 778년 엔친(延鎮, 814~891) 스님에 의해 창건되었다. 그런데 기요미즈데라에는 백제의 지분도 상당수 있다고 할 수 있다. 절을 세우는 데 백제에서 건너간 도래인의 자손인 사카노우에노 다무라마로(坂上田村麻呂, 758~811)가 든든한 물주가 되어 주었다. 일본으로 건너온 백제계 도래인들이 집단 거주했던 아스카(飛鳥) 지역의 무인 집안에서 태어난 사카노우에는 무사로 출세했다. 그는 간무 천황이 집권하던 797년에 정이대장군에 임명되어 일본 본토의 북쪽 지역에 살고 있던 아이누족 (당시는 에미시족)을 정벌하며 용맹을 떨쳤다.

사카노우에의 젊은 시절 이야기다. 임신한 아내의 몸보신을 위하여 교토 히가시야마 자락으로 사냥을 나갔다. 귀갓길에 어디선가 물 흐르는 소리가 들려 찾아가 보니, 폭포 옆에 스님 한 분이 수행을 하고 있었다. 이름을 물으니 엔친이었다. 사카노우에가 물었다.

"이곳에서 무엇을 하고 계시오?"

"여기에 깨달음을 얻은 도사 한 분이 살고 계셨는데, 그가 말하기를 '나는 동국에 수행을 하러 가야 하니 네가 청수산의 나무로 천수관음상을 만들고 사찰을 건립해 잘 모셔라' 하고는 홀연히 사라졌습니다. 저는 그 도사가 관음보살의 화신이라 믿기에 그의 말에 따라 이곳에 관음보살을 위한 절을 지으려 합니다."

사카노우에는 집으로 돌아와 아내에게 이 이야기를 들려주었다. 남편의 말을 듣고 있던 아내가 나지막하게 밀했다.

"당신이 비록 저의 건강과 곧 태어날 아이를 위하여 사슴 사냥을 했지만, 그 또한 살생이옵니다. 사슴을 죽인 죄를 참회해야 하니 스님이 조각한 관음상을 모실 사찰을 우리가 세웁시다."

이러한 사연 속에 기요미즈데라는 사카노우에 가문의 사찰로 교토의 히가시야마 자락에 세워졌다. 사카노우에가 정이대장군에 임명되기 20여 년 전의 일이었다. 이후 사카노우에가 아이누족 원정을 성공리에 마치고 개선한 이후에 사세를 넓혔으며, 간무 천황이 왕실 사찰로 격상했다. 여기에 '사카노우에 장군이 전쟁에서 이긴 것은 기요미즈데라의 십일면관음보살이 뒤에서 보살펴 주었기 때문이다'라는 소문이 돌며 기요미즈데라는 인산인해를 이루었다.

하지만 현재의 기요미즈데라는 사카노우에가 명성을 떨쳤던 시절의 절이 아니다. 세월이 흐르는 동안 흥망성쇠를 거듭했는데, 특히 세 번의 큰 사건으로 폐사 위기를 겪었다. 첫 번째 사건은 '남도북령(南都北嶺)'의 대립으로 인한 수난이었다. 12세기 전반, 일본 불교계에는 막강한 힘을 지닌 절이 두 개 있었다. 교토 이전의 수도였던 나라의 고후쿠지(興福寺)와 교토 동북쪽에 우뚝 솟아 있는 히에이산 속에 터를 잡은 엔랴쿠지(延曆寺)다. 이 두 절이 일본 내 수많은 절 가운데 가장 세력이 강하여 남쪽은 고후쿠지, 북쪽은 엔랴쿠지란 의미에서 남도북령이라 불렸다. 그런데 문제는 이 절들이 견원지간이었다는 것이다. 기요미즈데라는 교토에 있었지만, 나라의 고후쿠지 소속 절이었다. 1113년 기요미즈데라 옆에 있는 작은 절인 기온사, 오늘날의 야사카 신사 주지 임명 문제를 놓고 고후쿠지와 엔랴쿠지 사이에 시비가 붙었다. 엔랴쿠지 승려들이 대거 기요미즈데라로 쳐들어와 분탕질하며 전각들을 죄다 불태웠다. 기요미즈데라의 첫 번째 수난이었다.

이후 기요미즈데라는 대대적인 재건 사업을 벌여 원상회복되었

기요미즈데라 인왕문
오토와의 용

으나 1467년에 다시 한번 폐허가 되었다. 1464년에 일어난 오닌의 난이 분쟁의 씨앗이었다. 오닌의 난은 쇼군의 후계자 문제 때문에 일어났지만, 지배층인 무인들이 동군과 서군으로 나뉘어 11년 동안 싸우는 바람에 기요미즈데라를 비롯한 교토의 여러 절이 불타 버렸다. 이후 간신히 다시 일으켜 세웠지만, 1629년에는 원인을 알 수 없는 큰불이 나 다시 폐사될 지경에 처했다.

이처럼 여러 차례 기구한 운명을 겪은 기요미즈데라가 오늘날처럼 대형 사찰로 위상을 정립하게 된 것은 에도 막부가 안정을 찾아가던 16세기 전반부터였다. 막부의 제3대 쇼군 도쿠가와 이에미쓰(德川家光, 1604~1651)가 팔을 걷어붙이고 적극적으로 후원했으며, 엔친 스님이 조성한 십일면관음보살상도 부흥에 일조했다. 나무로 만든 부처가 무슨 도움을 줄 수 있었냐고? 본당 안에 모신 십일면관음보살상은 처음 조성된 이후로 일반 대중에게 단 한 번도 공개되지 않았다. 일본 절들은 특이하게도 특별한 불상을 평소에는 공개하지 않고 특정한 시기를 정해 한 번씩 선보이곤 한다. 이러한 불상을 '비불(秘佛)'이라고 하는데, 인도에서 발생하여 유행한 밀교의 영향 속에 나타난 현상이라고 한다. 비불의 일반 공개는 절에 따라 달라 해마다 특정한 날을 정해 하루나 이틀 동안 공개하기도 하고, 어떤 절은 수십 년에 한 번 공개하기도 한다. 심지어 불상이 만들어진 이후 지금까지 단 한 번도 공개하지 않은 비불도 있다. 대표적인 불상이 나라 지역에 있는 도다이지(東大寺)의 십일면관음입상이다.

기요미즈데라의 관음보살상도 처음 조각되어 본당 안에 모셔진 이래 1629년 화재 전까지 비공개 상태이다가 부족한 공사 자금을 마련하기 위해 대중에 공개되었다. 결과는? 대히트였다. 영험한 불상이란 소문 때문에 사람들이 구름같이 몰려들어 머리를 조아리며 기부금을 바쳤고 이후 다시 비공개로 전환되었다.

본당 안 감실(龕室)에 모셔진 관음보살상은 1738년에 다시 한번 공개된 이래 지금까지 33년에 한 번씩 공개되고 있다. 가장 최근에 공개된 것이 2000년이었으니 다음은 2033년이다. 그러나 2008년과 2009년에 특별 공개가 있었으니, 33년을 정확히 지킨다기보다는 절 내부의 사정이나 필요에 따라 공개되는 듯하다.

본당 안에는 관음보살상과 함께 28부중상(二十八部衆像)이 서 있다. 밀교에서 천수관음보살을 호위하는 수호신들이다. 내부 조명을 워낙 어둡게 해 놓아 잘 보이지 않지만 일본 불교조각사에서 명작으로 소문난 불상들이다.

일본에서는 경사가 진 비탈길을 '자카(坂)'라고 하는데, 기요미즈데라로 가는 진입로는 전부 싱딩히 가파른 자카이다. 기요미즈자카(清水坂), 고조자카(五条坂), 자완자카(茶わん坂)가 기요미즈데라 문전에 있는 진입로들로 이 길을 따라 주변 상가에 눈길을 주며 천천히 오르다 보면 절로 들어가는 큰 문이 보인다. 예전에 이 일대는 교토 지역 특산품인 '교야키(京燒)' 또는 '기요미즈야키(淸水窯)'라고 부르던 도자기를 굽던 도공들이 살던 마을이었다. 그러다 보니 지금도

도자기 파는 가게를 비롯해서 교토의 전통이 물씬 풍기는 기념품 가게들이 줄지어 서 있다. 호기심 많고 구경하기 좋아하는 사람들은 이 가게들을 구경하는 것만으로도 한나절은 너끈하게 보낼 수 있다.

절로 가는 진입로의 상가 지역과 절 안을 경계 짓는 선홍빛 대형 문은 인왕문(仁王門)으로 기요미즈데라의 정문이다. 이 문을 통과하여 안으로 들어가면 먼저 가이산도(開山堂)를 볼 수 있다. 비공개라 내부로 들어갈 수는 없지만, 1633년 절을 재건할 당시에 지어진 세 칸짜리 단아한 건물이다. 실내에 기요미즈데라의 실제적 창건주라 할 수 있는 사카노우에노 다무라마로와 그의 부인상이 모셔져 있다.

가이산도 앞에서 지붕이 있는 복도인 회랑을 따라 본당 쪽으로 나아가면 2개의 무쇠 지팡이와 묵직한 무쇠 신발을 볼 수 있다. 무사시보 벤케이(武蔵坊弁慶, ?~1189)의 지팡이와 신발로, 19세기 말 수행자들이 본당과 오토와 폭포 사이의 긴 계단을 1만 회 오르내린 것을 기념하기 위해 만들어 놓았다. 큰 지팡이 무게가 무려 90킬로그램이다. 무사시보 벤케이는 절체절명의 위기에 빠진 주군을 끝까지 보좌하다 함께 죽은 충신으로 본래 승려였으나 무사의 길을 걸은 힘센 장사였다.

벤케이의 지팡이를 보고 본당으로 발길을 옮기면 사시사철 언제나 사람들로 북적거리는 널찍한 무대를 만난다. '기요미즈의 무대'로 널리 알려진 명승지이다. 사람들이 절을 찾는 이유는 부처님께 소원을 빌기 위해서다. 그런데 특이하게도 기요미즈데라를 찾는 사람들

기요미즈의 무대

은 큼지막한 본당 건물은 본체만체하고 서둘러 본당의 테라스라고 할 수 있는 기요미즈의 무대로 몰려가서 교토 시내를 관망한다.

기요미즈데라 본당이 들어선 지역은 지형 구조상 큰 건물이 들어서기에 적당하지 않다. 경사가 급한 언덕 위라 야외 활동을 할 마당 공간이 전혀 없다. 건축가는 이 문제를 해결하려고 획기적인 방안을 마련했다. 본당 정면인 남쪽 비탈진 지역에 장대 기둥을 높게 세우고 그 위에 나무판을 깔아 야외 활동 무대를 만들었다. 언제 만들었는지는 정확한 기록이 없어 알 수 없다. 다만 12세기에 부모를 따라온 아이가 여기서 공을 차며 놀았다는 사료가 남아 있다. 이로 보아 적어도 12세기 이전에 세워진 걸로 보인다.

언덕 아래에서 올려다보는 장대한 기둥들이 장관이다. 지금으로부터 적어도 1천여 년 전에 상식을 초월하는 창의적인 방법으로 기둥을 세우고 그 위에 무대를 만들었다는 사실에 입이 딱 벌어질 뿐이다. 물론 같은 건축 공법으로 지어진 건물이 세계 도처에 없는 것은 아니다. 우리나라만 해도 좀 작아서 그렇지, 지리산 자락 구례군에 가면 사성암이라는 암자를 같은 방식으로 축조해 놓았다. 그러나 기요미즈데라처럼 대형 무대를 절벽에 기대어 인공적으로 만든 곳은 세계적으로 찾아보기 힘들다. 무대는 139개의 느티나무 기둥을 못 하나 사용하지 않고 오직 짜맞추기 공법으로만 12미터 높이로 세웠다.

교토 사람들은 예전부터 과감한 결단을 해야 할 일이 있으면, 어금니를 앙다물고 "기요미즈의 무대에서 뛰어내릴 작정으로(淸水の舞

台から飛び降りるつもりで)"라고 하면서 결기를 다졌다. 기요미즈의 무대에서 뛰어내릴 정도의 마음가짐이라면 세상 어떤 일도 다 할 수 있다는 각오였을 것이다.

기요미즈의 무대에 서서 아래쪽을 내려다보면 세 줄기의 물이 힘차게 떨어지는 폭포가 보인다. '오토와의 용(音羽ノ龍)'이라 불리는 오토와 폭포다. 물 맑은 절로 풀이되는 기요미즈데라의 이름도 이 폭포에서 유래했다. 물줄기는 왼쪽부터 차례로 건강(장수), 사랑(연애), 지혜(학업)를 뜻한다. 경건한 마음으로 물을 받아 마시면 희망하는 소원을 이룰 수 있다고 한다. 그런데 욕심을 부려 세 줄기를 모두 받아 마시면 단 하나의 소원도 이룰 수 없다고 한다. 건강이면 건강, 사랑이면 사랑, 지혜면 지혜, 한 가지만 선택해서 그에 해당하는 줄기의 물을 마셔야 한다.

기요미즈의 무대에서 남쪽으로 멀리 보면 주홍색 목탑이 숲 사이로 머리를 내밀고 있다. 15미터 높이의 고야스 탑(子安塔)으로 기요미즈데라 경내가 꽤나 넓다는 것을 알게 해 준다. 원래 인왕문 부근에 세워져 있던 탑을 1911년 지금 자리로 옮겼다. 기요미즈데라는 예전부터 순산을 기원하는 절로 유명했는데, 임신부가 힘겹게 비탈길을 걸어 올라와 이 탑을 돌며 무탈하게 아이를 낳게 해 줄 것을 기원했다고 한다.

인연의 신을 모시고 있는
지슈 신사

기요미즈데라 본당 뒤쪽에 자그마한 신사가 있다. 지슈 신사(地主神社)다. 신사는 일본 고유의 신앙인 신도교(神道教)의 신들을 모시는 종교 건물이다. 신도(神道)라는 말 자체는 헤이안 시대 말기인 12세기 후반에 생겼지만, 신도 신앙의 기원은 선사 시대로 거슬러 올라간다. 신도교의 주된 숭배 대상은 일본 황족의 전설상 시조인 태양의 여신 '아마테라스오미카미(天照大御神)'이다. 이외에도 큰 나무, 바람, 땅, 폭포 같은 경이로운 자연 현상 등이 숭배 대상이다. 따라서 신도는 원시적이며 다신교적인 자연 숭배와 조상 숭배가 융합되어 만들어진 일본의 전통 신앙이라 할 수 있다.

본래 신사는 외래 종교인 불교가 유입된 이래로 불교에 포용되어 대체로 절 안에 함께 있었다. 이를 '신불습합(神佛習合)'이라 하며, 마치 우리나라 절에 토속신을 모신 산신전이나 삼성각이 있는 것과 비슷하다. 그런데 일본의 근대화를 가져온 메이지 유신 때 시행된 신도와 불교를 분리하는 신불분리정책으로 절 안의 신사들은 각기 독립했다. 그리하여 현재는 독립 신사로 존재하는 경우가 대부분이다. 지슈 신사 역시 그렇다. 메이지 유신 이전에는 기요미즈데라에 속한 신사였다.

절과 신사는 입구에서 구별이 가능하다. 신사 입구에는 한글 모음

지슈 신사

'ㅠ' 자 모양의 '도리이(鳥居)' 기둥이 서 있다. 신사에서 도리이는 인간들이 사는 속세와 신들이 사는 신성 구역을 구분 지어 주는 문이다.

지슈 신사의 규모는 작다. 하지만 창건 시기가 일본 건국 이전의 신화 시대로 올라갈 정도로 오랜 역사를 가지고 있다. 신전 안에는 인연의 신인 '오쿠니누시노미코토(大国主命)'를 주신으로 그의 부모와 조부모를 함께 모시고 있다. 한편, 인연의 신을 모신 신사답게 사랑을 점치는 돌 '코이우라나이노이시(戀占いの石)'가 있다. 신사의 본전 앞에 약 18미터 거리를 두고 돌덩이 2개가 놓여 있는데 눈을 감은 채 두 돌 사이를 걸어 반대편 돌에 무사히 도달하면 원하는 사랑이 이루어진다고 한다.

눈과 입이 즐거워지는 거리
산넨자카, 니넨자카, 이치넨자카

꼼꼼한 사람들은 기요미즈데라에 가면 지슈 신사를 거쳐 기요미즈의 무대가 가장 잘 보이는 오쿠노인(奥の院), 고야스 탑까지 둘러보고 오토와 폭포 밑으로 해서 빠져나올 것이다. 그런데 더 자세히 일본 절을 살필 요량이라면, 내려오는 길에 붉은색 천을 두른 불상들에 눈길을 줄 필요가 있다. 지장보살상이다. 지장보살은 산 사람의 소원을 들어주고, 죽은 사람의 영혼을 저승으로 안내하는 역할을 한다. 일본

사람들은 사고나 병으로 가족이나 친지가 죽으면 망자의 영혼이 저 승에서 잘살기를 기원하며 절이나 사고가 난 지점에 지장보살상을 세운다. 그래서 일본 어느 절을 가더라도 목에 붉은 천을 두른 작은 보살상을 볼 수 있다.

이제 기요미즈데라 인왕문 앞에서 마츠바라도리(松原通)로 방향 을 잡아 천천히 걸어 내려가자. 이 길은 본래 기요미즈데라를 오가던 참배객들을 위한 찻집과 도자기 가게들이 주로 있던 거리였다. 예전 에 찻집이 한창 번성했을 시절에는 교토에서 찻집 거리라 하면 기온 일대가 첫 번째요, 두 번째가 기요미즈데라 아랫동네인 기요미즈자 카 주변, 즉 마츠바라도리 일대였다. 17세기 말 기록에 의하면 기온 에 106채, 마츠바라도리에 71채의 찻집이 있었다고 한다.

한편, 기요미즈자카 일대는 17세기로 접어들며 도자기 공방들이 들어서기 시작하여 메이지 시대 때는 '기요미즈야키'로 널리 알려지 며 도자기를 만들어 파는 가게들로 번성을 누렸다. 지금은 메이지 시 대 건축물들을 약간 현대적으로 손본 상점들이 늘어서 있으며 각종 기념품과 먹거리를 팔고 있어서 눈과 입을 즐겁게 한다. 그런데 상점 가를 요리조리 살피며 내려가다 보면 다른 도시에 비해 교토에서 유 독 많이 볼 수 있는 먹거리가 눈에 띈다. 찹쌀가루를 반죽해 전병을 만들고 그 안에 팥, 고구마, 계피 등 다양한 소를 넣어 세모꼴 모양으 로 접은 떡, '야쓰하시(八ツ橋)'다. 교토의 유명 관광지 곳곳에 판매점 이 있을 정도로 교토를 대표하는 명물 간식이다.

니넨자카
이치넨자카

조금 더 내려가면 300년 이상의 전통과 역사를 자랑하는 향신료 가게 시치미야(七味屋)가 나온다. 교토는 연륜 깊은 도시답게 자자손손 가업을 이어오는 전통 가게들이 많다. 이러한 가게를 '시니세(老舗)'라 하는데, 창업 당시 자리에서 3~4대를 너끈히 이어오고 있다. 시치미야는 기요미즈자카의 대표적인 시니세이다.

시치미야 앞 삼거리에서 우측 방향으로 접어들면 산넨자카(三年坂)와 니넨자카(二年坂)가 이어진다. 이 일대는 서울의 북촌처럼 전통 가옥이 옹기종기 모여 있어 특별보전수경지구(特別保存修景地區)로 지정되어 있다. 우리식 표현대로라면 전통가옥보존지구라 할 수 있겠다.

산넨자카는 한자로 '三年坂(삼년판)' 또는 '産寧坂(산녕판)'으로 쓰는데, 일본어로는 둘 다 산넨자카로 읽는다. 중간에 긴 계단이 있는 가파른 고갯길을 산넨자카라고 부른 이유에는 여러 가지 설이 있다. 첫 번째는 다이도 3년(大同, 808년)에 길이 만들어졌기 때문에 '三年坂'으로 지었다는 것이다. 두 번째는 임신부들이 기요미즈데라의 고야스 탑에 순산을 빌러 가기 위해 오르던 고갯길이라서 '産寧坂'이라 붙였다는 것이다. 즉, 순산을 기원하는 고개란 의미이다. 세 번째는 이 비탈길을 걷다가 넘어지면 3년 안에 죽는다는 설이 있어서 '三年坂'이라 했다는 것이다. 산넨자카에서 아래로 이어지는 길이 니넨자카(二年坂)인데, 마찬가지로 이 길에서 넘어지면 2년 안에 죽는다는 설이 있다. 이런 배경 때문인지 주변 가게 상인들이 넘어지더라도 살 수 있는 처방전을 팔고 있다. 여러 번 넘어져도 오뚝오뚝 잘도 일어서는 오뚝이 모양을 닮은 표주박을 부적처럼 몸에 지니면 절대 죽지 않는다고 하여 호리병 형태의 표주박이 주렁주렁 매달려 있으며, 진열대 앞쪽에는 오뚝이 인형들이 오가는 행인들이 넘어지기만을 유심히 지켜보고 있다. 그러고 보면 교토 상인들의 상술도 보통이 아니다.

니넨자카 아래에는 이치넨자카(一年坂)도 있으니 기요미즈데라를 둘러보고 먹을거리, 볼거리가 가득한 산넨자카, 니넨자카, 이치넨자카 순으로 걸어 내려오며 교토의 옛 가옥들을 둘러보면 눈과 입이 즐겁다. 마치 서울의 인사동 거리를 관광하는 기분이 절로 든다.

금강산도 식후경이라고 기요미즈데라 일대에서 식사를 하고 싶다면 산넨자카에 있는 오쿠탄(奧丹)을 염두에 두자. 두부 요리로만 15대째를 이어오고 있는 매우 오래된 노포로 근 400여 년의 전통을 자랑한다. 가장 인기 있는 메뉴는 두부 정식이다. 간결하면서도 정갈하게 꾸며진 일본식 정원을 보며 식사를 즐길 수 있으니 두부 요리를 좋아한다면 꼭 한 번 들러 보라고 권한다. 단, 당일 준비한 두부가 떨어지면 시간에 관계없이 문을 닫으니 사전에 예약을 하고 가는 게 좋다. 산넨자카에서 니넨자카로 이어지는 도로변, 즉 산넨자카 끝 지점에 있다.

사실 교토에는 두부 요리를 전문으로 하는 식당이 많다. 그 이유를 추론해 보면, 사찰이 많다는 것과 연결된다. 또 실제로도 사찰 주변에 두부 요릿집이 많이 보인다. 교토 사람들은 예로부터 생선보다는 채소와 절임 음식, 두부 요리를 선호했다. 시내를 돌아다니다 보면 채소 절임인 쓰케모노를 파는 가게가 상당히 많이 보이며, 교토 인근 지역에서 생산되는 채소를 '교야사이(京野菜)'라 해서 다른 지역 채소보다 더 쳐준다. 지형적으로 바다를 끼고 있는 오사카와 달리 산으로 둘러싸인 교토는 애당초 해산물보다는 산이나 들녘에서 나는 채소를 활용한 음식문화가 발달할 수밖에 없었겠지만, 채식 위주로 식사를 하는 사찰 식문화에도 나름 영향을 받았을 것이다.

히가시야마 자락의 랜드 마크
야사카 탑

두부 요리 전문점 오쿠탄 앞길에서 직진하면 니넨자카 계단이다. 하지만 우리는 기요미즈데라 인근 어디서 보더라도 우뚝 선 자태를 자랑하는 오중탑(五重塔) 야사카 탑(八坂の塔)을 보러 가야 하니 오쿠탄 앞에서 좌회전하여 서쪽 길로 내려가자.

우리나라는 탑의 층수를 셀 때 지붕돌인 옥개석이 몇 개냐에 따라 3층, 5층, 7층탑으로 부른다. 하지만 일본은 옥개석 사이에 있는 탑 몸뚱이인 탑신을 기준으로 '중탑'이란 표현을 쓴다.

야사카 탑은 오중탑으로 지금은 46미터 높이의 대형 탑만 외롭

야사카 탑

게 서 있지만, 본래 이곳에는 호칸지(法觀寺)가 있었다. 우리나라 삼국시대에 해당하는 592년에 쇼토쿠 태자(聖德太子, 574~622)의 후원으로 고구려계 도래인 이리지(伊利之)가 창건한 절이다. 그런데 왜 탑하나만 외롭게 서 있을까? 전각 대부분은 교토가 여러 차례 전란을 겪는 와중에 불타버리고 키다리 목탑만 간신히 살아남았다.

탑 이름은 창건자의 성에서 따왔다. 이리지는 본래 고구려 사절단으로 일본에 왔다가 귀국하지 않고 일본 땅에 그대로 머물렀다. 이때 천황으로부터 야사카노미야쓰코(八坂造)를 하사받았다. 이런 이유로 절 이름을 호칸지 대신 야사카지(八坂寺)라 부르기도 했다. 일본식 전통 주택이 즐비한 골목 사이로 엿보이는 오중탑이 교토의 예스러움을 잘 보여주고 있다.

묶음 원숭이 인형이 즐비한
야사카 코신도

야사카 탑을 보고 나면 옆에 자리 잡은 야사카 코신도(八坂 庚申堂)로 가자. 아주 작은 절로 대문에 '금강사(金剛寺)'란 현판이 붙어 있지만, 교토 사람들에게는 '코신도' 혹은 '코신상(庚申さん)'이라는 이름으로 더 많이 알려진 절이다.

우리나라에서는 찾아보기 힘들지만, 일본에는 경신(庚申)을 중시

산자루 조각상
쿠쿠리자루

하는 특이한 신앙이 있다. 도교 사상에 일본 고유의 전통 신앙이 결부되어 나타난 신앙이다. 도교에서는 인간의 몸 안에 '삼시충(三尸蟲)'이라는 벌레가 살고 있어서 경신일만 되면 몸에서 빠져나와 인간의 잘못을 신에게 고하고 수명을 거두어 간다고 한다. 이를 막기 위해서 사람들은 1년에 여섯 번 있는 경신일이 되면 코신도에 와서 본인의 죄를 사죄함과 동시에 수명 연장을 빌었다. 이 기원제를 '코신마치(庚申待ち)'라 하며, 현재도 야사카 코신도에서는 경신일마다 코신마치를 지내고 있다.

코신도에는 특이하게도 둥근 모양의 헝겊 인형이 이곳저곳에 줄줄이 많이도 걸려 있다. 작은 주머니에 콩이나 팥 따위의 곡물을 넣어 가지고 노는 오자미처럼 생겼으나, '쿠쿠리자루(くくり猿)'란 정체불명의 원숭이 인형이다. 우리말로 하면 '묶음 원숭이'란 뜻으로, 손발을 꽁꽁 묶은 원숭이 형상들이다. 이는 욕망에 따라 움직이는 원숭이를 꽉 묶어 인간이 불필요한 욕망과 탐욕에 말려들지 않고 절제된 생활을 할 수 있게 하기 위함이다. 도교 교리에 따르면 "경신일에 삼시충 묶어 두기를 일곱 번 하면 삼시충은 하늘로 올라가지 못하고 저절로 사라져 버린다"고 한다. 아마 여기에서 유래한 것이 쿠쿠리자루인 것 같다. 쿠쿠리자루를 자세히 살펴보면 각각 글씨가 쓰여 있다. 원숭이를 묶을 때 소원을 적고 욕심을 하나 참으면 코신상이 그 소원을 들어준다는 전설이 있어서 소원을 적은 것이다.

전각 안에 매달려 있는 코신상들 앞에는 세 마리 원숭이, 산자루

(三ざる) 조각상이 세워져 있다. '보지도 말고, 듣지도 말고, 말하지도 말라'는 경계의 뜻을 담은 원숭이상이다. 산자루의 유래는 명확하지 않다. 논어에 나오는 공자님 말씀 "非禮勿視, 非禮勿聽, 非禮勿言, 非禮勿動(예가 아닌 것은 보지도 말고, 듣지도 말고, 말하지도 말고, 행하지도 말라)"를 나타낸 것이라 하나 너무 끼워 맞추기식 주장이어서 선뜻 공감이 가지 않는다. 오히려 다음 설명이 더 공감이 간다. 산자루는 세 마리의 원숭이란 뜻도 있지만, '~ざる'는 '~하지 마라'는 뜻이다. 따라서 듣지 말라는 '기카자루(聞かざる)', 말하지 말라는 '이와자루(言わざる)', 보지 말라는 '미자루(見ざる)'가 또 다른 의미의 산자루(三ざる)가 될 수 있다. 즉, 원숭이 세 마리란 기본 뜻 외에도 '하지 말아야 할 것 세 가지'란 중의적 표현으로 표정이 각기 다른 원숭이 세 마리를 통해서 사람들에게 인생 처세술을 은연중에 알려주고 있는 것이다.

인간의 일생은 무거운 짐을 지고 먼 길을 가는 것과 같다. 서두르지 말라. 무슨 일이든 내 마음대로 되는 게 아니란 걸 알게 되면, 불만은 사라진다. 마음에 욕망이 일거든 곤궁할 때를 생각하라. 인내는 무사함의 기반이며, 노여움은 적이라 생각하라. 이기는 것만 알고 지는 일을 모른다면 해(害)가 몸에 미치게 된다. 자신을 책망할지언정 남을 책하지 말라. 미치지 못하는 것이 지나침보다 낫다. 풀잎 위의 이슬도 무거우면 떨어지기 마련이다.

에도 막부를 개창한 도쿠가와 이에야스가 자손들에게 남긴 유훈이다. 진중한 성격을 가진 도쿠가와 이에야스의 품성에 기대 후세 사람이 만든 위작(僞作)이라는 설도 있지만, 그의 성공 비결과 처세술을 매우 잘 나타낸 문장임은 분명하다. 바쁜 인생길을 살아갈 때 참고할 만하다.

도요토미 히데요시의 부인 네네가 걷던
네네의 길

이제 네네의 길(寧寧の道)로 가보자. 야사카 코신도 정문 앞에서 좁은 골목길을 직진하면 큰길이 나오고 여기서 동쪽 방향으로 조금 올라가면 이치넨자카에서 네네의 길로 연결되는 사거리가 나온다. 이 사거리에서 왼쪽으로 들어가면 네네의 길이다.

네네(寧々, ?~1624)는 임진왜란을 일으킨 도요토미 히데요시의 정실부인이다. '기타노만도코로(北の政所)'로 주로 알려져 있으나, 사실이 이름은 헤이안 시대부터 종3품 이상 고위 관료의 정실부인에게 내려준 작위이다. 고관 댁의 안주인인 정실부인은 주로 집 안의 북쪽 방에 기거해 '기타노카타(北の方)'라고 부른 데서 유래했다. 그러나 이 명칭은 무로마치 시대에 이르러서는 천황을 보좌하여 나랏일 전체를 관장하는 간바쿠(觀白)의 정실부인에게만 부여되었다. 도요토

네네

도요토미 히데요시

미 히데요시가 센고쿠 시대의 혼란을 잠재우고 일본 천하를 통일했을 때 간바쿠로 나라를 통치했기에, 정실부인인 네네는 자연스럽게 기타노만도코로로 불렸다. 그리고 이후 이 명칭은 네네만을 지칭하는 고유명사화 되어 이름처럼 사용되었다.

고다이지(高台寺) 앞길을 네네의 길이라 하는 이유는 네네가 발원하여 창건한 절이며, 네네가 죽을 때까지 고다이지의 부속 사찰인 엔토쿠인(圓德院)에서 살며 이 길을 오갔기 때문이다.

네네는 나고야에서 하급 무사의 딸로 태어났다. 도요토미 히데요시와는 당시로써는 상상하기 힘든 연애결혼을 했는데, 네네의 집안에서는 도요토미 히데요시가 계급이 낮은 농민 출신이라 결사반대했다. 하지만 사랑에 눈이 먼 네네가 끝까지 고집을 부려 결혼에 골인했다. 네네는 성격이 싹싹한데다 통도 커서 도요토미 히데요시의 입신출세에 큰 도움을 주었다. 정치적 역량 또한 뛰어나 도요토미 히데요시의 정치적 동반자가 되어 남편을 안팎으로 두루 잘 챙겼다. 당시 일본에서 크리스트교를 포교하고 있던 포르투갈 출신의 예수회 소속 선교사 루이스 프로이스(Luis Frois)는 도요토미 히데요시를 대놓고 비난했지만, 네네에 대해서는 이렇게 이야기했다.

이교도이지만 대단한 인격자이며, 그녀에게 부탁하면 안 되는 일이 없다.

프로이스가 일본 포교에 적극적으로 나선 시기에 도요토미 히데요시가 선교사 추방령을 내리며 크리스트교를 탄압했기에 도요토미 히데요시를 비난한 것은 납득할 수 있다. 하지만 그런 시절에도 부인인 네네에 대한 평가는 호의적이었다.

도요토미 히데요시와 네네 사이에는 자식이 없었다. 도요토미 히데요시는 대를 이을 자식이 죽을 때까지 없으리라 여겨 누나의 아들, 즉 외조카를 양자로 삼아 대를 이었다. 그런데 다행인지 불행인지 말년에 첩에게서 늦둥이 아들 둘을 보았다. 첩의 이름은 차차(茶々, 1569~1615). 상관이었던 오다 노부나가(織田信長, 1534~1582) 여동생의 딸이었다. 첫째 아들은 갓난아이 때 죽고, 둘째 아들 도요토미 히데요리(豊臣秀賴, 1593~1615)가 성장하여 뒤를 이었다.

한편, 차차는 본명보다 '요도도노(淀殿)'로 더 많이 알려져 있다. 그 이유는 첫 아이를 잉태하자 도요토미 히데요시가 교토에서 오사카로 가는 길목에 있는 요충지인 요도성(淀城)을 개축해 그곳에서 살게 했기 때문이다. 이후 사람들은 본명인 차차보다 요도성에 살고 있는 전하의 부인이란 의미에서 요도도노로 더 많이 불렀다.

도요토미 히데요시는 정실부인인 네네보다 아들을 낳아준 차차를 더 찾았을까? 아니다. 늘그막에 차차를 찾는 일이 많았지만, 어려웠던 시절부터 평생을 함께한 네네를 죽을 때까지 정실부인으로 높이 대접하며 인연의 끈을 계속 유지했다. 한편 네네는 도요토미 히데요시가 세상을 떠나자 당시 귀족 가문의 과부들이 그랬던 것처럼 비구니가 되어 남편의 명복을 빌기 위한 절을 세웠다. 이 절이 바로 고다이지였다. 자신의 법명 '고다이인(高台院)'에서 따온 절 이름이었다.

그런데 참으로 아이러니한 것은 절을 세우는 데 적극적으로 후원한 사람이 도요토미 정권을 무너트리고 에도 막부를 개창한 도쿠가와 이에야스였다. 이상하지 않은가? 1598년 도요토미 히데요시가 세상을 뜨고 뒤를 이어 어린 아들인 도요토미 히데요리가 후계자가 되었다. 도요토미 히데요시는 세상을 떠나기 전, 당시 큰 세력을 가지고 있던 도쿠가와 이에야스를 비롯한 5명의 대신을 불러놓고 손을 꼭 잡으며 아들과 정권 유지를 신신당부했다. 도쿠가와 이에야스는 그 자리에서 대를 이은 충성을 맹세했다. 그러나 화장실 들어갈 때와 나올 때의 태도는 다른 법! 도요토미 히데요시가 죽자 도쿠가와 이에야스는 독자 행동에 들어갔다. 이때 차차(요도도노)는 도요토미 히데요시가 정권 안정을 위해 난공불락으로 쌓아놓은 오사카성에서 아들 히데요리와 함께 기거하며 도요토미 정권을 간신히 유지해 나가고 있었다. 하지만 이미 정치적 주도권은 도쿠가와 이에야스에게 있었다. 도쿠가와 이에야스는 1615년 5월에 오사카성을 함락시키고 도요토미 정권을 끝장냈다. 차차는 아들 히데요리와 함께 성 안에서 자결했다.

고다이지와 연관이 없는 이야기를 왜 이렇게 길게 했냐고? 이유가 있다. 네네는 자기 남편의 정권, 더군다나 비록 본인이 낳은 자식은 아니지만 그래도 남편의 유일한 혈육인 히데요리를 자결하게 한 장본인인 도쿠가와 이에야스와 희한하게도 사이가 좋았다. 좋아도 그냥 좋은 것이 아니라 매우 좋았다.

도쿠가와 이에야스의 삼남으로 아버지를 이어 에도 막부 2대 쇼군이 되었던 도쿠가와 히데타다(德川秀忠, 1579~1632)는 어린 시절에 인질로 도요토미 히데요시의 집에 기거했다. 자식이 없던 네네는 의기소침해 있던 히데타다를 친아들처럼 각별히 보살피며 뒤를 봐주었다. 그래서 그런지 에도 막부가 들어선 이후에도 도쿠가와 부자는 네네의 부탁이라면 거절하지 않고 거의 모든 것을 들어줄 만큼 우대했고, 네네가 남편의 명복을 빌기 위해 절을 짓겠다고 하자 이를 내치기는커녕 적극적으로 후원했다.

여담이지만, 도요토미 히데요시는 젊은 시절부터 바람을 많이 펴서 네네의 심기를 자주 어지럽혔다. 이에 네네는 남편의 상관인 오다 노부나가에게 남편의 바람기를 한탄하는 편지를 보냈다. 이때 오다 노부나가가 네네에게 보낸 답장을 보면 네네의 후덕함과 인기를 짐작할 수 있다.

그 머리 벗어진 쥐새끼(도요토미 히데요시)에게는 당신같이 멋진 여자가 정말 아까워. 그 자식은 그것도 모르는 바보지. 당신은 정말 아름다운 여자야. 일전에 봤을 때는 못 알아볼 정도로 더 아름다워졌더군. 제아무리 바람을 피워도 당신 같은 여자는 찾지 못할 거야. 고급 무사의 부인답게 당당하게 행동하고 질투 같은 건 하지 마. 이 편지를 히데요시에게 꼭 보여줘.

이처럼 네네는 도요토미 히데요시가 살아 있을 적에는 하늘 같은 남편 상사의 인정을 받을 정도였고, 죽은 이후에는 남편과 인연 있는 모든 사람이 도쿠가와 이에야스 세력에 의해 죽거나 핍박당할 때 홀로 당당한 삶을 살았다. 그러고 보면 네네는 일본 역사는 물론 세계 역사에서도 보기 힘든 특이한 캐릭터였다고 할 수 있다.

네네의 숨결이 살아 있는 절
고다이지와 엔토쿠인

히가시야마 료젠(東山 靈山) 기슭에 자리 잡고 있는 고다이지(高台寺)

는 도요토미 히데요시의 부인인 네네가 남편의 명복을 빌기 위하여 세운 절이다. 1606년 창건 당시, 네네는 정권의 실력자 도쿠가와 이에야스의 배려 속에 넓은 부지를 받아서 도요토미 히데요시와 함께 살았던 후시미성(伏見城)의 건물 일부를 옮겨 와 복원하는 등 매우 장엄하고 화려하게 절을 지었다.

고다이지에는 선종 양식으로 지어진 불당인 가이산도(開山堂), 히데요시와 네네를 모신 사당인 오타마야(靈屋), 후시미성에서 옮겨 온 것으로 마치 우산을 펼쳐놓은 것 같다 하여 '가사테이(傘亭)'란 이름이 붙은 다실(茶室), 차 준비실로 사용된 시구레테이(時雨亭), 네네가 남편을 그리워하며 달을 바라보던 곳이라는 믿기 어려운 이야기가 전해지고 있는 간게츠다이(観月台) 등이 국가 중요문화재로 지정되어 있다.

가이산도 앞에 펼쳐져 있는 정원은 에도 막부 시대에 유행했던 치센카이유식 정원이다. 17세기 전반의 다인(茶人)이자 정원 설계가로 유명한 고보리 엔슈(小堀遠州, 1579~1647)가 설계했다. 일본의 전통 정원은 크게 가레산스이(枯山水) 양식 정원과 치센카이유(池泉回遊) 양식 정원 두 가지로 나뉜다. 여기에 하나 더 추가하자면 일본 가정집 안뜰에서도 쉽게 찾아볼 수 있는 쓰보니와(坪庭)가 있다. 가레산스이 양식 정원은 일본에 선종 불교가 유입되었던 가마쿠라 막부 시절에 만들어지기 시작했다. 그러다 무로마치 시대에 숙련된 장인 집단인 '센즈이 카와라모노(山水河原者)'들에 의해 본격화된 정원 양

고다이지
엔토쿠인

식이다. 이 양식을 '가레산스이(마른 산수)'라 하는 이유는 돌과 모래만으로 산수, 더 나아가서 변화무쌍한 우주의 섭리를 표현하고 있기 때문이다. '枯(고)'가 '물이 없다'는 뜻의 한자이다. 정말이지 가레산스이식 정원은 나무 한 그루, 풀 한 포기 심지 않고 오로지 돌과 모래로만 산과 강, 바다를 표현한다. 넓게 펼쳐진 흰 모래로는 강이나 바다를, 검은 돌로는 산과 폭포를 나타냈다. 세계적으로 찾아보기 힘든 이러한 정원이 왜 일본에서 중세시대에 등장했는지는 의문이다. 단지 무로마치 시대 선종 불교의 유행 속에 무소유를 강조한 것이 영향을 미쳤을 거라고 추정할 뿐이다. 가레산스이 양식을 제대로 구현한 정원을 감상하려면 교토 북부에 자리 잡고 있는 료안지(龍安寺)나 다이토쿠지(大德寺)를 가면 된다.

치센카이유는 에도 막부 시대에 유행한 양식이다. 고대부터 근세까지 일본의 전통 정원 양식들이 결집되어 있다. 넓게 펼쳐진 정원의 중앙에 연못을 배치하고 다리와 등롱 등을 설치하였으며 경관이 좋은 곳에는 차를 마실 수 있는 정자를 세웠다. 그리고 사이사이에 오솔길을 내 길을 따라 주변 경치를 감상하게 했다. 교토에서 유명한 치센카이유식 정원은 서쪽에 있는 가쓰라 별궁(桂離宮) 정원이다.

쓰보니와는 에도 막부 시대 마치야(町屋) 내부에 만들어진 작은 정원에서 유래했다. 마치야는 상가 밀집 지역에 다닥다닥 붙여 지은 건물을 말한다. 주로 2층으로 지어 1층은 상점으로 2층은 살림집으로 활용했다. 물건을 사고파는 가게가 넓어야 했기 때문에 자연히 뜰은 집 안에 작게 만들어질 수밖에 없었다. 이 작은 공간을 최대한 살려 연못을 만들고, 꽃과 나무를 심고, 석등을 갖추어 툇마루나 방에 앉아 정원을 감상할 수 있게 했다. 이 정원을 쓰보니와라고 한다. 쓰보니와는 가게들이 밀집한 탓에 내부로 바람이 잘 통하지 않는 마치야 안쪽에 바람이 원활히 통하게 하는 기능도 가지고 있었다.

고다이지에서는 일본의 대표적인 정원 양식 세 가지를 모두 볼 수 있다. 이른바 일본 정원의 종합선물세트장이다. 주지 스님의 활동 공간인 방장 앞에 가레산스이식 정원, 서원과 방장 사이에 쓰보니와, 가이산도 주변에는 동서로 넓게 치센카이유식 정원이 펼쳐져 있다.

고다이지 건너편에 있는 엔토쿠인(圓德院)은 고다이지에 딸려 있는 절로 네네는 주로 이곳에 머물렀다. 엔토쿠인의 전체적인 분위기는 절이라기보다는 정갈하게 잘 가꾼 가정집처럼 느껴진다. 교토의 유명한 절들은 경관 면에서 저마다 둘째가라면 서러워할 정도로 빼어나 엔토쿠인 같은 작은 절은 지나칠 수도 있다. 하지만 단풍이 붉게 물드는 늦가을에 교토에 갔다면, 아무리 시간이 촉박하더라도 야간에 엔토쿠인은 반드시 들러 보라고 권한다. 질 내부가 그리 크지는 않지만 실내에 앉아서 쳐다보는 단풍 정원이 참으로 아름답다. 조명을 설치한 덕분에 낮과 다른 운치를 느낄 수 있을 것이다. 엔토쿠인 바로 옆에는 네네와 관련된 유물들을 전시해 놓은 쇼(掌) 미술관이 있다. 입장 요금에 미술관 관람 요금도 포함되어 있으니, 시간 여유가 있다면 들러 봐도 된다.

청동 지붕이 멋들어진
기온가쿠

엔토쿠인 앞 네네의 길에 서서 북쪽을 바라보면 고색창연한 청동 탑이 보인다. 다이운인(大雲院) 안에 세워져 있는 기온가쿠(祇園閣)이다.

다이운인은 센고쿠 시대의 혼란상을 거의 다 잡은 상태에서 부하의 배신으로 자결하고 만 오다 노부나가와 그의 아들을 기리기 위해 세운 절이다. 1587년 교토 시내에 있는 데라마치(寺町)에 창건되었으나 1973년에 현재 자리로 이전하여 오늘에 이르고 있다.

절 안에 있는 기온가쿠는 1928년 오쿠라 재벌(大倉財閥)의 창업자인 오쿠라 기하치로(大倉喜八郎, 1837~1928)가 히가시야마 일대를 관망하기 위한 전망대로 세운 탑이다. 높이 36미터 정도로 교토의 명물인 금각, 은각에 대비되게 동각으로 지었다. 전망대라고 해서 굳이 갈 필요는 없다. 사유재산이어서 평소에는 개방하지 않고 여름철 지정된 날에만 한시적으로 개방하고 있다.

오쿠라 기하치로는 우리에게는 그리 탐탁지 않은 인물이다. 일제의 침탈이 시작되는 1878년 부산에 동업자와 함께 일본제일은행 조선지점을 열어 무역과 군수업을 통해 부를 축적하며 일제 강점기 내내 우리 문화재를 일본으로 많이도 가져갔다. 그가 반출한 문화재 중 대표적인 것이 경복궁 안에 있던 세자와 세자빈의 살림집 자선당이다. 자선당을 해체해 도쿄로 운반해 자기 집 안에 복원해 놓고 '조선

기온가쿠

관'이란 현판을 붙여 우리나라에서 빼내 간 다양한 유물을 전시하는 전시관으로 사용했다. 그런데 안타깝게도 1923년 간토대지진(관동대지진) 때 일어난 화재로 전시하던 조선 유물 대부분과 함께 소실되고 말았다. 오직 기단부만 폐허 위에 남아 있다가 1996년에 우리나라로 되돌아왔다. 현재 이 유구는 경복궁 안 명성황후가 시해당한 건청궁 뒤편에 놓여져 있다.

서울 북촌의 한옥 골목길을 걷는 기분이 드는
이시베코지

고다이지와 엔토쿠인에서 네네와 충분히 교감을 나누었으면, 이제 짧지만 아날로그 감성을 자극하는 일본식 전통 가옥이 줄지어 있는 좁은 길, 이시베코지(石塀小路)를 걸어 보자. 골목 자체는 산넨자카나 니넨자카와 비슷하다. 하지만 산넨자카나 니넨자카가 관광객들로 북적대는 인사동처럼 사람 구경을 하는 길이라면, 이시베코지는 인파가 별로 없는 차분한 골목길이라 북촌 한옥마을의 한적한 골목길을 걷는 기분이 든다. 이 길을 따라 꽃단장된 주택들을 구경하며 아래로 쭉 내려가면 교토 최초의 선종 사찰이 나온다.

고려 팔만대장경 인쇄본이 소장되어 있는
겐닌지

겐닌지(建仁寺)는 선종 계통인 임제종의 총본산으로 교토는 물론 일본에서 가장 오래된 선종 사찰이자 일본 차(茶) 문화가 시작된 절이다. 그런데 이 절은 처음 가면 조금 당혹스럽다. 절 안에 있어야 할 건물들이 담장 밖 이곳저곳에 서 있기 때문이다. 절로 들어가는 출입문에 해당하는 삼문(三門)이 그러하고, 법당 또한 담장 밖에 있어 절이 마치 공원처럼 보인다. 절 많기로 소문난 교토에서도 역사와 전통을 자랑하는 대사찰이 이처럼 해괴해진 이유는 무엇일까? 앞서 지슈 신사에서 이야기한 바 있는 메이지 유신 시절에 단행된 신불분리정책으로 자행된 폐불훼석(廢佛毁釋) 때문이다. 폐불훼석이란 글자 그대로 해석하면 불교를 폐지하고 부처를 훼손한다는 뜻으로 이른바 불교배척운동이다.

6세기 중반 백제로부터 불교가 전래된 이래 일본 불교는 전래의 민간 고유 신앙인 신도와 융합되어 발전했다. 이를 신불습합이라 한다. 그런데 메이지 유신 이후 일본 정부는 새로운 종교정책으로 신불분리(神佛分離)를 추진했다. 제정일치의 천황제국 확립을 목표로 한 만큼 신도를 통해 국민을 교화하고 국가의 통합을 이루기 위해서였다. 즉 천황을 정점으로 하는 제정일치 사회를 지향하며 일본 고유의 전통 신앙이자 천황가(天皇家)의 신앙이기도 한 신도로 국가를 운영하려 했던 것이다. 그래서 신정부는 신불습합을 부정하면서 신도와 불교를 분리하려 했다.

　이 정책은 일본 불교계를 초토화시켰다. 절의 경내에 있던 신사들은 전부 독립하여 독자 경영에 나섰으며, 이 틈을 타서 일본판 분서갱유라 할 수 있는 폐불훼석이 전국 각 지역의 사찰에서 동시다발적으로 벌어졌다. 이때 일본 절들은 절 소유 땅의 대부분을 내놓아야 했으며, 절 자체가 사라지기도 했다. 겐닌지도 이 난리 속에 영역이 축소되며 여러 전각이 절 담장 밖으로 흩어져 홀로 서 있는 꼴이 되어 버렸다.

　겐닌지를 창건한 이는 승려 에이사이(榮西, 1141~1215)다. 열세 살에 교토의 동북쪽 히에이산 중턱에 자리 잡은 엔랴쿠지에서 스님이 되어 천태학과 밀교를 열심히 공부했다. 그러나 배움에 갈증이 있어서 1168년 스물여덟 살 때 천태학을 더 깊이 공부하고자 중국 송나라로 유학을 떠났다. 당시 송나라는 천태학이 쇠퇴하고 선종 불교가 유행하고 있었다. 에이사이는 중국 불교의 변화상에 충격을 받고 돌아와 지방을 전전하며 선종 불교의 핵심인 참선을 통한 깨달음을 얻기 위해 진력했다. 그런데 아무리 노력해도 깨달음의 경지에 도달할 수 없었다. 이에 1187년에 다시 한번 중국으로 건너갔다. 선종 불교의 진면목을 체험하기 위해서였다. 에이사이는 중국에서 5년여를 머물면서 선종 계통 승려들을 통해 임제종을 전수받았으며, 귀국길에 차 씨앗을 가져와 몇몇 곳에 나눠 심었다.

흥미로운 사실은 에이사이가 중국에서 일본으로 들어온 선종 불교의 전래와 한반도의 선종 불교 유입 현실이 거의 비슷했다는 것이다. 중국으로 유학을 간 승려들이 한반도에 선종 불교를 소개하기 시작한 것은 신라 말기였다. 당시에 신라의 수도였던 경주의 불교계는 새롭게 대두한 선종 불교를 배척했다. 불경보다는 참선을, 계율보다는 깨우침 자체를 중시하여 '신분에 관계없이 누구나 깨우치면 부처가 될 수 있다'는 혁신적인 주장을 기존 기득권 세력들은 쉽게 포용할 수 없었다. 그런데 어떻게 해서 신흥 종교 선종은 한반도에 뿌리내리게 되었을까? 신라 말의 혼란상을 틈타 지방에서 성장하고 있던 궁예나 견훤, 왕건 같은 호족 세력이 선종에 열광했다. 누구나 열심히 깨달음을 얻기 위해 수행하면 득도할 수 있다는 선종의 기본 사상과 개인의 능력을 중시하면서 기존 신분 질서를 깨부수려는 지방 호족들의 개인적 성향이 서로 통했기 때문이다.

일본에서의 선종 불교 포교도 비슷했다. 황실과 귀족들은 선종 불교에 시큰둥했다. 더구나 당시 불교계를 좌지우지했던 엔랴쿠지의 승려들은 선종을 이단으로 취급하며 포교 자체를 방해했다. 상황이 이러하니 에이사이는 수도인 교토 쪽 포교는 엄두도 내지 못하고 중국과 한반도를 쉽게 오갈 수 있는 규슈 북부에 살며 지방을 위주로 선종 보급에 힘썼다. 그러나 때가 되면 기회는 오는 법! 헤이안 시대가 끝나고 무인들의 시대가 시작되었다. 무사인 미나모토노 요리토모가 패권을 잡아 쇼군이 되며 가마쿠라 막부 시대를 열었다. 오로지 스스로의 힘으로 깨달음을 얻으려는 선종은 무술 실력 하나로 새 세상을 연 가마쿠라 막부의 시대정신과 맞아떨어졌다. 1202년 에이사이는 미나모토노 요리토모의 부인인 호조 마사코(北條政子, 1157~1225)의 후원 아래 막부로부터 교토의 땅을 기증받아 자신의 사상 체계를 마음껏 펼칠 수 있는 겐닌지를 세웠다. 왜 겐닌지라 했냐고? 당시 일본 천황의 연호가 겐닌(建仁)이었다. 연호를 절 이름으로 쓸 수 있게 천황이 허락한 것이다.

한편, 에이사이는 일본 차의 시조답게 말년에는 쇼군을 위해 차의 효능을 자세히 기록한 일본 최초의 다서(茶書) 『끽다양생기(喫茶養生記)』를 썼다. 겐닌지에서는 지금도 에이사이의 탄생일에 맞춰 격식을 갖춘 다회(茶會)를 열고 있다.

한 가지 안타까운 점은 현재 겐닌지 내에는 창건 당시 건물이 단한 채도 없다는 것이다. 16세기 중반에 발생한 대형 화재로 전각이 전부 불타 버렸기 때문이다. 지금 있는 건물들은 도요토미 히데요시의 후원으로 겐닌지가 재건된 이후에 새로 지어진 것이다. 절 안의 중심 건물인 방장(方丈)만 하더라도 도요토미 히데요시의 지원으로 히로시마에 있는 절인 안고쿠지(安國寺)의 방장을 해체해서 가져와 다시 조립한 것이다.

일본 절들은 여러 전각을 방장을 중심으로 지붕이 있는 복도인 회랑으로 연결시켜 신발을 신지 않고 다닐 수 있게 배치했다. 겐닌지는 전각과 전각 사이를 연결하는 회랑을 따라 이동하며 다양하게 조영된 정원을 볼 수 있다. 그중 좀 특별한 정원이 있는데, 일명 ○△□ 정원이다. 초온테이(潮音庭) 남쪽의 작은 공간에 조성된 아담한 정원으로 현대의 정원 설계가 기타야마 야스오(北山安夫, 1949~)의 작품이다. 왜 ○△□정원이라고 하느냐면 사각형 우물과 원형의 이끼, 그 가운데에 세모꼴로 나무가 서 있기 때문이다. 겐닌지의 안내서를 보면, 선종의 4대 사상인 땅·물·불·바람 중 땅(□)과 물(○), 불(△)을 정원 안에 형상화하여 바람과 만나게 했다고 한다.

방장 뒤편에 있는 납골당을 지나 조금 걸어가면 자그마한 다실이 한 채 보인다. 찻집 도요보(東陽坊)이다. 1587년에 규슈 정벌을 마친 도요토미 히데요시가 천황과 백성들에게 자신의 세를 과시하기 위해 개최한 기타노대다회(北野の大茶會)에서 사용한 건물로 1921년에 이곳으로 옮겼다. 일본의 다도를 체계화하고 융성시킨 이는 센노 리큐(千利休, 1522~1591)인데, 그의 제자 도요보 조세이(東陽坊長盛, 1515~1598)가 이 다실을 좋아해서 도요보란 이름이 붙었다고 한다.

방장에서 좀 멀리 떨어져 있어서 그냥 지나칠 수 있지만, 겐닌지에 가면 법당 내부를 꼭 둘러보자. 천장에 그려진 〈쌍룡도双龍図〉가 볼만하다. 창건 800년을 맞이하여 고이즈미 준사쿠(小泉淳作, 1924~2012)가 그린 천장화이다. 겐닌지에서는 대서원에 있는 〈풍신뇌신도風神雷神圖〉 병풍도 반드시 보자. 에도 막부 시대 초기의 화가 다와라야 소타쓰(俵屋宗達, ?~?)의 그림으로 바람이 가득 담긴 흰 주머니를 양손으로 거머쥐고 구름 위를 신나게 달리는 바람신과 여러

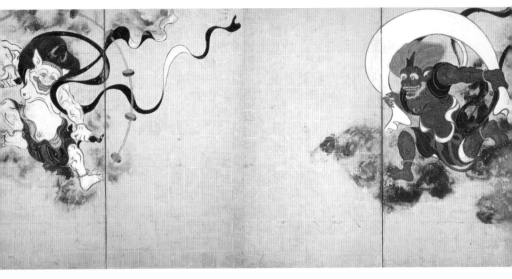

〈풍신뇌신도〉

개의 작은 북을 아령처럼 생긴 북채로 힘차게 두드리며 우당탕탕 천
둥 번개를 만드는 번개신이 그려져 있다. 요괴 같은 모습이지만 표정
이 매우 해학적이고 움직임새가 리드미컬하게 잘 표현되어 있다. 일
본 국보로 지정된 그림인데 겐닌지에 있는 것은 복제품이고 진품은
교토박물관에 보존되어 있다.

한편, 겐닌지에는 팔만대장경 인쇄본 일부가 보관되어 있다.
1457년(세조 3년) 3월 중순, 무로마치 막부의 제8대 쇼군 아시카가
요시마사(足利義政, 1436~1490)가 조선에 사절단을 보냈다. 사절단의
단장은 겐닌지 소속의 승려였는데, 그들이 세조에게 올린 요시마사

의 국서(國書)에는 교토에 있는 겐닌지를 재건하려 하니 적극적으로 도움을 주면 감사하겠다는 내용이 있었다. 사절단은 5월 하순경에 한양을 떠나는데, 이때 팔만대장경 한 질을 인쇄하여 여러 선물과 함께 보냈다. 아마 겐닌지가 보관하고 있는 대장경은 당시 조선 조정이 준 것일 것이다. 아쉽게도 1837년 화재로 불타 버려 현재는 그 일부만 절 내에 보존되어 있다.

그런데 조선은 왜 팔만대장경과 같은 중요 문화재의 인쇄본을 그렇게 쉽게 일본에 주었을까? 조선은 성리학을 국가의 통치 기반으로 삼고 있었기에 불교를 철저히 억압했다. 이른바 숭유억불(崇儒抑佛) 정책이 조선 지배층의 종교관이었다. 현실이 이러했으니 불경을 비롯한 불상, 불화, 범종, 석등 등을 선심 쓰듯이 답례품으로 일본에 보내 버렸다. 특히 고려의 팔만대장경 인쇄본은 일본 불교계에서 꼭 구입하고 싶은 불서였다. 〈조선왕조실록〉에 적혀 있는 일본의 대장경 요청만 150여 년간 82회나 된다. 이처럼 빈번히 요구했기에 조선 태종 때는 일본이 요구할 때마다 대장경을 인쇄하기가 번거롭고 인력 낭비가 심하니 차라리 원판을 주자는 논의까지 있었다. 지금 생각하면 머리카락이 하늘 끝까지 솟구칠 정도로 섬뜩한 일이었지만, 당시에는 충분히 그런 발상이 나올 만했다. 만약 이때 팔만대장경 원판을 일본에 줬다면, 우리가 자랑하는 세계문화유산 팔만대장경은 현재 일본 땅에 있을 것이다. 다행히 한 관리가 "일본 사신이 오는 것은 불법을 구하기 위한 것으로, 만약 경판을 보내 버리면 다시 오지 않을 가능성이 있다"라고 주장해서 논의 자체를 유야무야시켰다. 참으로 다행스런 일이라 하지 않을 수 없다.

멋의 거리
기온

이제 슬슬 야경이 멋스러운 기온(祇園)으로 가 보자. 겐닌지에서 기온은 금방이다. 절 북쪽 담장 너머부터 기온 거리다.

기온이라는 이름은 동쪽 언덕에 높다랗게 자리 잡은 야사카 신사에서 유래했다. 야사카 신사는 예전에 '기온사'였는데, 기온사 아랫동네라 해서 이 일대를 기온이라고 했다. 기온이 유흥가가 된 것은 17세기 후반 무렵 찻집들이 들어서면서부터이며 지금처럼 본격적인 유흥가로 조성된 것은 20세기로 접어들어서였다. 전통을 고스란히 간직하고 있는 마치야들이 각종 상점가로 개조되어 늘어선 기온은 교토를 찾는 관광객들에게 교토의 밤 문화를 만끽하기에 좋은 곳으로 유명하다.

교토 사람들은 자기들이 지은 마치야에 자부심이 강해 교토의 마치야를 특별히 '교마치야(京町家)'라고 부른다. 왜 '교(京)'를 붙이냐고 물어보면, 주거 공간이 다른 지역의 마치야에 비해 세련되었고, 방과 창문 앞에 기다란 나무를 세로로 촘촘히 세운 격자가 교마치야만의

교마치야
하나미코지

미나미자

독특한 외관을 만든다고 자랑한다. 교토 시내를 돌아다니다 보면 정갈하게 잘 지어진 마치야를 자주 보게 되는데, 교토 사람들이 자부심을 가질 만하다는 생각이 든다.

한편, 마치야들은 대체로 정면은 짧고 측면이 길다. 요즘이라면 시내 땅값이 비싸서 그리 지었다고 생각할 수도 있다. 하지만 에도 시대에는 땅값이 문제가 아니었다. 오히려 에도 막부의 세금 정책이 문제였다. 에도 시대에는 길가에 면한 폭을 기준으로 세금을 매겼다. 상인들은 세금을 피하려고 가게를 지을 때 출입구 쪽은 좁게 측면부는 최대한 길게 냈다.

기온에서 가장 유명한 길인 하나미코지(花見小路)는 겐닌지 북쪽 담장에서 시작해 큰길까지 약 1킬로미터가 곧게 뻗어 있다. 이곳의 마치야들은 대부분 일본 정식인 가이세키 요리점이거나 찻집들로 게이코(芸妓)나 마이코(舞妓)의 공연을 보며 식사를 할 수 있다. 게이코와 마이코가 뭐냐고?

17세기 후반에 등장하여 요정이나 연회석에서 춤이나 노래로 술자리의 흥을 돋우는 직업여성을 게이샤(藝者)라고 한다. 그러나 정식 명칭은 게이기(藝妓)이고, 도쿄를 비롯한 간토 지방에서는 게이샤로, 간사이 지방인 교토 일대에서는 게이코로 특화하여 부른다. 마이코는 게이샤가 되기 전, 수습과정에 있는 예비 게이샤를 칭한다. 보통 고등학생 정도의 소녀들로 중학교를 졸업하고 마이코 양성기관에 들어와 춤, 노래, 악기 등을 배우며 정규직인 게이코가 되기 위해 고

군분투한다.

　게이코와 마이코의 구분은 게이샤 문화에 정통하지 않는 한 구분하기 힘들다. 그래도 꼭 구별하고 싶다면, 기모노의 허리띠인 오비 (おび) 묶음을 주의 깊게 보면 된다. 게이코는 오비를 여분이 거의 없게 짧고 단정하게 묶는다. 반면 마이코는 묶은 오비를 뒤로 길게 늘어뜨리며 오비 끝에는 본인이 소속된 가게의 문장(紋章)이 새겨져 있다. 지금은 중학교 졸업생을 마이코로 선발하여 훈련시키지만, 예전에는 초등학교 5, 6학년 정도에서 견습생이 되는 경우가 많았다. 어린아이가 미로처럼 펼쳐진 기온 거리에서 제대로 길을 찾는 것이 쉬운 일은 아니었다. 출장을 나가 일을 마치고 귀가하는 늦은 저녁, 어두운 골목길에서 미아가 되는 경우가 종종 발생했다. 이때 어른들이 오비에 새겨진 문장을 보고 숙소까지 데려다주곤 했다. 따라서 기다랗게 묶은 마이코 오비의 문장은 일종의 미아 방지 목걸이 같은 것이었다고 할 수 있다.

　일본의 게이샤 문화에 대해서 여러 말이 오가지만, 예전에는 어떠했을지 몰라도 현재의 게이샤는 단연코 술자리에 인형처럼 앉아 술을 따르고 취흥을 북돋는 직업이 아니다. 게이샤는 판소리나 민요 혹은 민속무용을 공연하는 우리나라 전통 예인처럼 일본의 전통문화를 계승하고 있는 전통 예술인들이다.

　교토에는 게이코나 마이코들이 집단 거주를 하는 하나마치(花街)가 다섯 군데 있다. 기온코부(祇園甲部), 미야가와초(宮川町), 본토초

(先斗町), 기온히가시(祇園東), 가미시치켄(上七軒)으로 이를 '고카가이 (五花街)'라고 한다. 교토 북부 기타노 덴만구 쪽에 있는 기미시치켄 만 제외하고 나머지는 기온 일대에 있다. 메이지 시대만 하더라도 게 이코가 2천 명이 넘었으나, 지금은 100여 명에 불과하다. 그래서 요 즘은 좀처럼 보기 힘들다. 그래도 꼭 보고 싶다면 두 가지 방법이 있 다. 첫 번째는 8월 1일 오전 10시부터 12시 무렵에 하나미코지에 가 면 된다. 게이코와 마이코가 평소에 신세졌던 가게들을 찾아다니며 감사 인사를 드린다. 두 번째는 매년 봄 벚꽃이 피는 시기를 맞이하 여 기온의 게이코들이 평소에 갈고닦은 기예를 무대에 올리는 '오도 리(をどり)'를 보는 것이다. 개최 장소와 시기는 내부 사정에 따라 매 년 달라지지만, 기온코부는 특별한 사정이 없는 한 기온에 있는 기온 코부가무연장(祇園甲部歌舞練場)에서 '미야코 오도리(都をどり)'라는 이름으로, 본토초의 경우는 본토초 거리의 북쪽 끝에 위치한 본토초 가무연장(先斗町歌舞練場)에서 공개한다.

　하나미코지를 구경했으면 이제 맑은 물이 잔잔히 흐르는 시라카 와(白川)가 있는 기온 신바시(祇園新橋) 쪽으로 발길을 옮겨 보자. 이 일대 역시 전통건축물보존지구로 지정되어 있어서 전통 목조가옥인 마치야가 줄줄이 늘어서 있다. 특히 이곳 마치야들은 맑은 물이 졸졸 흐르는 냇가 석축 위에 지어져 있어서 벚나무와 버드나무가 흐드러 지게 줄기를 드리우고 있는 개울 건너편에서 바라보는 맛이 참 좋다. 어느 철 어느 시간대에 가도 제각각 나름대로 운치가 있다. 많은 문인이 신바시 일대를 배경으로 다양한 문학작품을 남겼는데, 그중 한 편이 천변 나무 사이 바위에 새겨져 있다. 기온을 각별히 사랑한 요시이 이사무(吉井勇, 1886~1960)가 1910년에 지은 시다.

> 이것저것 생각할수록かにかくに
> 기온은 그리워祇園はこひし
> 잠이 들 때에도寝るときも
> 베개 밑으로枕のしたを
> 물은 흐르나니水のながるる

　당시에는 지금 나무들이 심어져 있는 쪽까지 찻집이 늘어서 있었고 마치야의 안쪽 방은 개울 위쪽으로 돌출되어 있어서 밤에 자려고 누우면 베개 밑으로 물 흐르는 소리가 생생하게 들렸다고 한다. 현재 시비가 서 있는 곳에 찻집 다이토모(大友)가 있었는데, 요시이를 비롯한 교토의 문인과 화가들이 이 찻집을 자주 찾았다고 한다.

　신바시 일대에서는 시비가 세워진 11월 8일에 해마다 가니카쿠니 마쓰리(かにかくに祭)가 열린다. 이때 기온의 게이코들이 시비에 헌화하며 축제의 막을 연다.

　신바시에서 시조오하시(四条大橋) 쪽으로 천천히 걸어 내려오면 사거리 건너편에 대형 극장 건물이 보인다. 일본 전통 연극인 가부키 극장인 미나미자(南座)다. 1929년에 지어져 줄곧 가부키 공연을 해

왔는데, 3층으로 설치된 관람석이 유럽의 오페라 극장처럼 설계되어 있어 매우 인상적이다. 미나미자는 가부키를 비롯한 각종 공연을 연중 개최하고 있으니 교토에 가면 한번쯤 공연을 보는 것도 좋다.

전통과 역사를 자랑하는 기온답게 오랜 연륜을 자랑하는 노포들이 있다. 그중에서 꼭 소개하고 싶은 곳은 이즈우(いづう)라는 고등어 초밥집이다. 교토는 험한 산지로 둘러싸인 내륙이라서 교통이 불편했던 에도 막부 때만 하더라도 해산물은 특별한 날에만 맛볼 수 있는 별미였다. 펄떡펄떡 뛰는 싱싱한 생선은 눈 비비며 찾아도 찾기 힘들었고, 소금에 절인 간고등어 정도만 맛볼 수 있었다. 이런 이유로 간고등어가 교토의 특산물이 되면서 이를 활용한 요리도 발전했다. 그중 대표적인 요리가 사바즈시(鯖寿司), 즉 고등어 초밥이다. 이즈우는 고등어 초밥으로 교토는 물론 일본 전역에 유명세를 떨치며 240여 년을 이어오고 있는 음식 명가이다. 흥미로운 것은 이즈우의 고등어 초밥이 입맛 까다로운 교토 사람들에게 알려지게 된 것은 기온 유곽 거리(지금의 하나미코지)에 있는 오차야(茶屋)에서 배달 주문을 의뢰하면서부터였다. 오차야는 이름 그대로 절이나 신사에 오는 참배객을 대상으로 하는 찻집이었다. 하지만 세월이 흐르며 차보다는 술을 파는 술집으로 변했고, 손님들이 마음 놓고 술을 마실 수 있도록 가게 안쪽에 방을 마련했다. 또한 손님의 요구에 따라 춤과 노래를 하고 악기를 연주하는 여성들을 고용했으니, 이들이 곧 게이코였다. 한데 오차야는 요정과 달리 술자리만 제공할 뿐 가게에서 요리를 하지

않았다. 손님들은 초저녁부터 오차야의 골방에서 술과 노래를 즐기다가 출출해지면 음식을 주문했다. 이때 주인은 "그럼 고등어 초밥이라도……" 하면서 초밥 집에 주문을 넣었다. 이 시절에 교토 유락 거리에서 가장 인정받은 초밥집이 이즈우였다. 기온 외에도 교토역 등의 백화점에서 포장할 수 있으니 참고하자. 단, 생선 비린내가 질색인 사람에게는 권하지 않는다. 비린내를 잘 잡았다고는 하지만 초밥을 입에 대는 순간 미약하게나마 생선 특유의 비린내가 코로 훅 들어온다.

또 다른 노포는 교토에서 탄생한 화장품 전문 브랜드 요지야(よ-じや)다. 요지야는 1904년에 개업해 100년이 넘는 역사를 자랑한다. 지금은 화장품 가게로 이름을 날리고 있으나 처음 가게를 열었을 때는 주력 상품이 이쑤시개인 요지(楊枝)여서 요지 파는 가게란 뜻의 '요지야'로 이름을 붙였다 한다. 사람들 북적거리기로 소문난 시조오하시에서 야사카 신사 쪽으로 왼쪽 길을 따라 오르다 보면 카페를 겸한 기온 본점이 있다.

요지야는 게이코와 마이코의 입소문에 힘입어 성장했는데, 그 배경에는 기름종이가 있다. 이 회사에서 처음 개발해 1920년부터 판매를 시작했다. 얼굴의 피지와 유분만 흡수하는 제품이라 화장을 진하게 하는 게이코와 마이코들이 즐겨 사용하면서 소문이 퍼져 일반인들까지 자주 찾는 여성용품 전용 가게가 되었다. 산넨자카를 비롯한 교토 여러 관광지에 지점이 다수 있다.

기온 신바시

포르투갈어에서 유래된
본토초

기온을 다 둘러봤는데도 밤의 골목길 정취를 더 느끼고 싶다면, 본토초(先斗町)로 가자. 기온 시조역 입구에서 시조오하시를 건너면 본토초 입구가 바로 나온다. 서너 명이 겨우 지나갈 수 있을 만큼 좁은 골목길이지만, 골목으로 들어서는 순간 양쪽으로 쭉 늘어선 음식점들이 형형색색의 등롱을 켜 놓고 손님을 맞이하고 있다.

본토초는 '뾰족한'이란 뜻의 포르투갈어 'ponta'에서 유래했는데 그 정확한 배경은 알려진 바 없다. 다만 좁디좁은 길이 강변을 따라 500미터 정도 쭉 이어져 있기에 본토초라 한 이유를 어렴풋이 짐작할 수는 있다.

본토초의 골목길이 식당가가 된 것은 17세기 후반 가모강(鴨川)의 범람을 막기 위해 하천 정비사업을 하면서부터였다. 제방을 쌓으며 생긴 매립지에 찻집과 여관, 음식점이 하나둘 들어서며 19세기부터 교토의 유흥가 중 한 곳이 되었다. 가게 하나하나에 눈길을 주며 걷다 보면 들어가고픈 식당 하나쯤은 바로 찾을 수 있다. 다만 자릿세 탓인지 음식 가격이 다른 곳에 비해 꽤 비싸다. 특히 여름철이면 가모강이 넓게 펼쳐진 전망 좋은 방이나 테라스에서 식사를 할 수 있는데, 별도의 자릿세를 내야 한다.

본토초

교토 여행 둘째 날이다. 히가시야마 북쪽 자락을 걸어 보자.
기온 마쓰리로 유명한 야사카 신사에서 은각사까지가
오늘의 여정이다.
벚꽃 만개한 봄날이라면 마루야마 공원을 꼭 걸어 보자.
일본 사람들의 벚꽃 놀이 '하나미'의
진한 의미를 느낄 수 있다.
마루야마 공원 옆에 있는 조라쿠칸은 조선의 마지막 임금
순종도 머물렀던 여관이다.
일본 최대 삼문으로 유명한 절인 지온인과 일본 선종 최고
사찰인 난젠지를 볼 수 있으며 히가시야마 문화의 산실인
은각사도 자리하고 있다.

Day 2

히가시야마의
북쪽 자락을 따라서

기온 마쓰리로 유명한
야사카 신사

기온의 중앙부를 관통하는 도로는 시조도리(四条通り)이다. 대로인 이 길의 동쪽 끝에 높다랗게 지어진 신사가 있다. 야사카 신사(八坂神社)다. 신사의 주 출입문 역할을 하고 있는 서문인 니시로몬(西樓門) 계단 위에서 내려다보는 시조도리와 좌우로 쭉 이어진 기온 상점가의 모습이 볼 만하다. 특히 밤에 신사 입구의 계단에 서서 시조도리 양옆으로 늘어선 등롱에 불이 들어오고 그 아래를 오가는 자동차들의 전조등을 바라보고 있으면, 여기가 천년고도 교토의 주요 관광지라는 실감이 난다.

야사카 신사는 일본 전역에 약 3천여 개가 있다고 한다. 그중 총본산이 교토 기온의 야사카 신사이다. 원래 이 신사는 기온샤(祇園社) 혹은 기온간신인(祇園感神院)이라 불렸다. 하지만 메이지 시대에 단행된 신불분리 정책으로 야사카 신사로 이름이 바뀌었다. 야사카라는 이름은 신사를 창건한 고구려인 이리지의 일본식 이름이자, 이 일대의 옛 지명이기도 했다.

일본의 고대사를 기록한 역사서인 『일본 서기(日本書紀)』에 이런 기록이 보인다.

서기 656년 8월 8일에 고구려에서 대사 달사(達沙)와 부사 이리지 등 모두 81명이 건너왔다.

이때 이리지는 귀국하지 않고 자기를 따르는 일행과 함께 교토에 정착하며 야사카 신사와 현재 야사카 탑만 서 있는 호칸지를 창건했다. 흥미로운 사실은 야사카 신사는 스사노오노미코토(素戔嗚尊)를 신으로 모시고 있는데, 이 신은 신라에서 모셔온 고즈텐노(牛豆天王)로 신라 땅 우두산의 신이라 한다. 고구려에서 건너온 도래인이 만든 신사에 신라에서 건너온 신이 모셔져 있다는 사실이 어색하고 믿기지도 않지만, 신사에 전해져 내려오는 기록에는 이렇게 적혀 있다. 이는 일본 사람들에게도 풀리지 않은 미스터리어서 신사를 연구하는 학자들은 지금도 우리나라의 우두산이란 지명을 가진 곳을 찾아서 야사카 신사에서 모시는 신과의 연관성을 찾곤 한다.

한편, 야사카 신사는 기온 마쓰리(祇園祭)를 주관하는 신사로 유명하다. 869년 일본 전역에 번진 전염병을 막으려고 황실 정원인 신센엔(神泉苑)에서 지낸 어령회(御靈會)가 기온 마쓰리의 기원이다. 당시 일본 전국에는 66개의 소국이 있었는데, 이에 맞춰 66개의 긴 창으로 장식한 가마 미코시(神輿) 3기를 지금의 야사카 신사인 기온지(祇園寺)로 보내 질병 예방의 신 고즈텐노를 모셔온 후 제를 올렸다. 970년부터는 국민의 건강과 안녕을 기원하는 축제로 발전했으며, 이후 기온 마쓰리는 교토 시내가 불바다로 변한 오닌의 난이나 태평양 전쟁과 같은 아주 특별한 경우가 아니면 매년 열리고 있다.

현재 세계인류무형문화유산으로 유네스코에 등재된 기온 마쓰리는 7월 1일부터 31일까지 한 달 내내 열린다. 축제의 하이라이트는 교토 중심가를 순례하는 가마 행렬인 야마보코(山鉾) 순행이다. 야마보코는 시조도리 일대의 상공업자들이 마을별로 자체 제작한, 신을 모신 수레 가마를 말한다. 이 가마를 야마보코라 하는 이유는 산 모양을 본뜬 가마인 '야마(山)'에 6미터에 달하는 긴 창인 '호코(鉾)'를 꽂고 거리 행진을 하기 때문이다.

야마보코 순행은 매년 7월 17일과 24일에 있다. 17일에는 오전 9시경부터 시조가라스마(四条烏丸)역 사거리에서 시조도리 동편으로 방향을 잡아 출발해 시조가와라마치(四条河原町) 사거리에서 북쪽으로 방향을 틀어 올라간 후, 교토 시청 앞 사거리에서 다시 서쪽으로 틀어 오후까지 진행된다. 24일에는 오전 9시 30분경부터 17일과 정반대의 코스로 진행된다. 중국의 고사나 일본의 설화가 담긴 야마보코 30여 대를 자발적으로 참여한 수백 명이 땀 뻘뻘 흘리며 끌고 가는 모습이 장관이다. 행진 순서는 사전에 추첨으로 결정한다. 다만

기온 마쓰리의 야마보코 순행

선두로 출발하는 야마보코는 매년 일정하다. 긴 칼을 매달고 순행하기 때문에 '나기나타(長刀)'라는 이름이 붙은 가마 '나기나타보코(長刀鉾)'가 매년 행렬을 이끈다. 또한 나기나타보코에만 신을 영접하는 어린아이를 실제로 태우며 다른 가마들은 인형으로 만든 동자상을 싣는다.

교토의 기온 마쓰리는 도쿄의 간다 마쓰리(神田祭), 오사카의 텐진 마쓰리(天神祭)와 함께 일본의 3대 축제로 손꼽힌다. 또한 5월에 열리는 가모 신사의 아오이 마쓰리(葵祭), 10월에 열리는 헤이안 진구(平安神宮)의 지다이 마쓰리(時代祭)와 더불어 교토 3대 축제에 속하기도 한다.

교토 최초의 근대식 공원
마루야마 공원

야사카 신사를 둘러보고 위쪽으로 올라기면 마루야마 공원(円山公園)이 있다. 1886년에 만들어진 공원으로 약 700여 그루의 벚나무가 곳곳에 있어 꽃피는 봄이면 공원 전체가 연분홍빛으로 물든다.

벚꽃을 좋아하는 일본 사람들은 해마다 벚꽃철이 되면 가족이나 친구, 혹은 직장 동료들과 함께 꽃이 만발한 벚나무 아래에 앉아 먹고 마시며 꽃놀이를 즐긴다. 이를 '꽃을 본다'라는 의미에서 '하나미

(花見)'라 하는데, 헤이안 시대인 812년에 궁중에서 행해진 벚꽃 놀이가 그 시작이라고 한다. 황실과 상급 무사들의 사치스런 꽃놀이가 서민에게까지 확대된 건 에도 시대부터다.

일본 역사 속에서 가장 유명한 하나미는 1598년에 도요토미 히데요시가 교토의 다이고지(醍醐寺)에서 개최한 것이다. 도요토미 히데요시는 오랜 전란으로 지친 무사들을 위로한다는 명목으로 유력한 다이묘들을 거느리고 벚꽃으로 유명한 나라(奈良)의 요시노(吉野)에 가서 꽃놀이를 즐겼다. 그런데 먼 곳인 요시노까지 가서 꽃놀이를 하는 게 번거로웠다. 그래서 부하들에게 다이고지에서 꽃놀이를 할 수 있게 준비하라고 명령했다. 이에 부하들은 부랴부랴 꽃망울이 맺힌 벚나무를 옮겨 심는 등 다이고지에서의 행사 준비에 만전을 기했다고 한다. 매년 4월 두 번째 일요일, 다이고지에서 도요토미 히데요시의 하나미를 재현하는 축제를 열고 있으니 벚꽃철에 교토 여행을 한다면 한번쯤 가보는 것도 좋다.

마루야마 공원은 현재 교토에서 하나미로 가장 유명한 곳이다. 벚꽃 만발한 밤에 가면 조명을 받은 벚나무 아래에 앉아 유흥을 즐기는 사람들로 가득하다.

공원 안에는 유독 눈에 띄는 벚나무가 한 그루 있다. 중앙 동산에 서 있는 나무로 시다레자쿠라(枝垂れ櫻), 수양 벚나무다. 가지를 내려트린 채 흐드러지게 핀 연분홍빛 벚꽃이 아름답다. 특히 해가 질 무렵 역광으로 보는 벚꽃은 그 색이 자못 신비롭기까지 하다.

마루야마 공원의 시다레자쿠라
조라쿠칸

순종 황제가 머물렀던
조라쿠칸

마루야마 공원 시다레자쿠라가 있는 중심부에서 남쪽으로 난 길은 고다이지로 가는 네네의 길이다. 이 길로 접어드는 출발점에 르네상스 양식의 고풍스런 서양식 건물이 서 있다. 조라쿠칸(長樂館)이다. 우리 역사와 인연이 있는 건물로 담배 사업과 금융업으로 떼돈을 번 무라이 기치베(村井吉兵衛, 1864~1926)가 세웠다. 당시 일본에 거주 중이던 미국인 건축가 기드너에게 의뢰하여 별장 건물로 1909년에 완공했다. 교토에 오는 유명인들이 여기서 묵는 것을 선호해 교토의 영빈관처럼 쓰였다. 현재는 호텔과 레스토랑으로 쓰이고 있는데, 이 건물을 지나치지 말아야 할 이유가 무려 세 가지나 된다.

첫째, 조라쿠칸이 막 준공되었을 때, 우리에게는 철천지원수지만 일본에서는 메이지 유신의 주역으로서 일본 근대화의 공신으로 추앙받는 이토 히로부미(伊藤博文, 1841~1909)가 하룻밤 묵었다. 조라쿠칸에서 가까운 료젠 묘역에 있는 기토 다카요시(木戸孝允, 1833~1877)의 무덤에 참배하기 위해서였다. 기토 다카요시는 메이지 유신의 3대 주역 중 한 명이자 유신 지도자로 이토 히로부미의 고향 선배이기도 하다. 이토 히로부미는 이곳에서 묵으며 주인에게 '조라쿠칸'이란 휘호를 써 주었다. 건물 이름 '조라쿠칸'의 탄생이었다.

둘째, 대한제국의 마지막 황제였던 순종이 머물렀던 곳이다. 이미 나라를 빼앗겨 식민지 상태인 1917년 6월 8일에 순종은 신분이 격하된 '이왕(李王)' 자격으로 일본을 방문해 귀국길인 22일에 조라쿠칸에서 묵었다. 메이지 천황릉에 참배하기 위해서였다. 아마 순종 입장에서는 교토 방문이 치욕 그 자체였을 것이다. 메이지 시절에 나라가 몰락하고 본인이 황제에서 이왕으로 격하되어 버렸는데, 그 주역인 메이지 천황의 무덤을 참배해야 했으니 그 심정이 오죽했을까?

셋째, 조라쿠칸의 주인 이야기이다. 이 건물을 지은 무라이 기치베는 경상남도 주남 저수지 일대의 늪지대와 황무지를 값싸게 사들인 뒤 개간 사업을 해서 무려 900만 평에 이르는 무라이 농장을 경영했다. 이 농토가 현재 창원시 대산면과 김해시 진영읍 일대에 넓게 펼쳐져 있는 대산평야다. 1922년도에 소작료로 걷은 곡식이 벼 27,000섬, 보리 1,700섬, 콩 1,000섬이었다고 하니 무라이 기치베의 재산 불리기에 우리 농민들의 피와 땀이 무던히도 들어간 셈이다.

그래도 기치베의 후손 중에 심지가 굳은 사람이 있었다. 무라이 요시노리(村井 吉敬, 1943~2013)라는 손자였다. 그는 2010년에 할아버지가 수탈을 자행했던 농장 일대를 찾아와 주민들 앞에서 일본어로 "100년 만에 왔다. 여러분들에게 큰 피해를 주었다"고 말하며, 우리말로 "미안해요"라고 사죄했다. 무라이 요시노리는 와세다대의 교수로 있으면서 일본 제국주의 시절 일제가 아시아 곳곳에서 벌인 침탈과 수탈의 역사를 연구·고발하는 작업을 죽을 때까지 한 일본에서는 보기 드문 참 지식인이었다.

일본 최대의 삼문을 자랑하는
지온인

마루야마 공원에서 북쪽으로 난 길로 방향을 잡아 조금만 걸어가자. 하늘 높이 활짝 펼친 팔작지붕을 머리에 이고 있는 큰 대문이 계단 위에 우람하게 서 있다. 1621년 에도 막부 제2대 쇼군 도쿠가와 히데타다의 재정 지원 속에 세워진 유서 깊은 문이다. 만일 나라에 있는 도다이지 같은 절을 보지 않고 일본은 축소 지향적이라는 인식만 하며 지온인(知恩院)에 왔다면, 이 문을 보는 순간 뜨끔할 것이다. 크다. 커도 너무 크다.

흔히 일본 문화의 특질을 말할 때 '깔끔하다', '자연스럽게 보이나 자세히 보면 철저히 인공미가 가미되어 있다', '섬세하다', '축소 지향적이다'라고 하는데 이 생각은 반은 맞고 반은 틀리다. 분명 일본인들의 미의식에는 깔끔하고 섬세하며 축소 지향적인 면이 다수 들어 있다. 하지만 지온인의 삼문처럼 우리로서는 상상하기 힘든 대형 건조물이 일본 곳곳에 상당히 많다. 삼문만 하더라도 일본의 삼문 중 가장 규모가 크다는 지온인 삼문에 버금가는 것이 교토에 2개나 더 있다. 난젠지(南禪寺) 삼문과 닌나지(仁和寺) 삼문인데 지온인 삼문과 더불어 '교토 3대 삼문'이라 한다. 따라서 일본 문화를 정확히 진단한다면, 지극히 큰 것과 지극히 작은 것, 지극히 화려한 것과 지극히 검박한 것이 각기 독립적으로 존재하면서도 함께 공존하고 있다고 봐야 한다. 즉 우리 미의식에서 자주 발견되는 적당히 큰 것과 적당히 작은 것의 적절한 조합, 절제미, 균형미 등을 일본 미의식의 세계에서는 찾아보기 힘들다. 극단적으로 표현하자면, 일본의 미의식은 '모 아니면 도'다. 또한 '극과 극의 공존'이다. 화려한 것은 더없이 화려하고 검박한 것은 더없이 검박하다.

삼문은 '삼해탈문(三解脫門)'의 준말로 외문(外門)을 거쳐서 절로 들어가는 두 번째 문이다. 우리나라 절에서는 일반적으로 삼문보다 산문(山門)을 즐겨 쓴다. 그래서 그런지 우리 절의 산문은 일반 대문보다 약간 클 정도로 단출하지만, 일본의 절들은 삼문을 2층 누각 형태로 크게 짓고 2층에는 화려한 불단을 설치해 부처님과 보살, 나한상을 모셨다. 지온인도 2층 누각 안에 불단이 설치되어 중앙에 부처님이 앉아 계시고 그 좌우로 16나한상이 배치되어 있다.

일본 사찰에 이처럼 거대한 삼문이 세워진 것은 중국에서 전래된 선종 불교가 유행하기 시작한 가마쿠라 시대부터다. 그러나 삼문이 있다고 해서 지온인을 선종 사찰로 생각해서는 안 된다. 거대한 삼문을 세워 놓았지만, 지온인은 일본 정토종(淨土宗)의 총본산이다. 정토종은 오직 지극정성으로 염불만 외우면 신분에 관계없이 누구나 아미타불이 있는 극락정토로 왕생할 수 있다는 정토 신앙을 바탕으로 한 불교 종파이다. 이 신앙 체계를 우리나라에서는 원효대사(617~686)가 적극적으로 펼쳤으며, 일본에서는 정토종의 창시자인 호넨(法然, 1133~1212)이 유행시켰다.

지온인 삼문

때는 헤이안 시대에서 가마쿠라 막부로 넘어가는 과도기 시절이었으니, 전란의 와중에 지배층의 혼탁함은 극에 달했다. 호넨은 세상 어디에도 의지할 곳이 없는 백성들에게 삶의 안식처를 찾아주고 싶었다. 그래서 주창한 것이 정토 신앙이었다. 읽기 힘든 불경을 보지 않고도 엄격한 규율대로 행동하거나 의식을 치르지 않아도 그저 나무아미타불만 열심히 중얼거리면 누구나 극락에 갈 수 있다고 포교하니 호넨의 가르침을 받으려 교토 사람들, 특히 부녀자들이 다수 몰려들며 절은 문전성시를 이루었다. 하지만 호넨의 사상은 당시 일본 불교계의 주류였던 엔랴쿠지와 고후쿠지의 승려들로부터 배척당했고, 1207년에는 포교 금지령이 내려짐과 동시에 호넨은 시코쿠(四國) 지방으로 유배를 떠나야 했다. 이때 나이 75세였다. 다행히 4년 만에 유배가 풀려서 1211년에 다시 교토로 돌아왔지만, 이듬해인 1212년 열반에 들었다.

호넨이 세상을 떠난 후 제자들은 꾸준히 스승을 추모하는 법회를 열면서 정토 사상을 세상에 전파했다. 엔랴쿠지의 승려들은 호넨의 무덤을 파헤치면서까지 정토종을 근절시키려 했다. 이후 정토종은 교토에 정착하지 못하고 지방 각처로 뿔뿔이 흩어진 호넨의 제자들에 의해 지방에서 교세를 넓혀 갔다. 그러다 에도 막부 시대에 접어들며 쇼군 집안의 두터운 후원 속에 호넨이 설법했던 곳의 땅을 하사받아 새로 절을 지었다. 지온인이었다.

그런데 왜 지온인은 초대형 사찰임에도 일반 사찰처럼 'OO사

(寺)'라 하지 않고 암자 같은 이름을 붙였을까? 그 이유는 절 내의 중심 건물인 본전 미에이도(御影堂) 때문이다. 1639년 에도 막부의 제3대 쇼군인 도쿠가와 이에미쓰의 재정 지원 속에 지어진 대형 건물로 우리나라 절로 치면 대웅전이다. 대웅전이라 하면 누구나 알다시피 전각의 중앙 불단 위에 부처님이 근엄하게 앉아 있어야 한다. 그런데 지온인의 본전에는 부처상이 없다. 대신 정토종을 일으킨 호넨의 초상화가 걸려 있다. 절에서 가장 핵심이 되는 곳에 부처님을 모시지 않고 스님의 초상화를 걸어두었다는 것도 이상한 일이지만, 아무튼 지온인은 그런 절이며, 그만큼 호넨에 대한 흠모가 크다고 할 수 있다. 이런 이유로 인해 '지온지(知恩寺)'라 쓰지 않고 '지온인'이라 했다.

지온인은 오랜 역사를 지닌 교토의 큰 절답게 절 내부에 볼거리가 많다. 벚꽃 피는 봄이나 단풍 물드는 가을에는 1641년에 지어진 방장이나 소방장 마루에 걸터앉아 잘 가꾸어진 정원을 보는 맛이 좋으며, 삼문에서 본전까지 쭉 이어진 돌계단을 오르는 맛도 참 좋다. 돌계단은 오토코자카(男坂)와 온나자카(女坂) 두 개가 있다. 오토코자카는 삼문을 지나 직진하면 20미터 정도 수직으로 놓여진 70여 개의 강파른 계단이다. 영화 〈라스트 사무라이〉에서 용병 사무라이 역할을 맡은 톰 크루즈가 계단을 뛰어오르는 장면을 이 계단에서 촬영했다. 온나자카는 삼문 오른편에서 시작해 본전으로 길게 이어진 완경사의 계단이다. 에너지 소모를 적게 하며 본전으로 오를 수 있다.

지온인의 자랑거리로는 스님들이 선정한 '7대 불가사의'가 있다. 경내를 돌다 보면 7대 불가사의 안내판이 보이니 보물찾기 하듯이 찾아보자.

첫째, 휘파람새 복도. 본전에서 방장으로 이어지는 회랑의 복도로 걸으면 바닥에서 휘파람새 소리가 난다.

둘째, 대형 주걱. 휘파람새 복도 위 천장에 걸쳐 있다. 밥을 뜨는 주걱과 구제하다는 뜻의 일본어 발음이 스쿠우(すくう)로 같은데, 대형 주걱을 천장에 걸쳐 놓고 중생 구제를 염원했다는 설이 있다. 그럴듯한 해석이다.

셋째, 도망간 참새. 대방장의 내부에 있는 칸막이 문인 후스마(襖)에 참새를 그려 놨는데, 진짜 참새처럼 그려서 생명을 얻어 날아가 버렸다고 한다. 그래서 지금은 국화꽃 위로 참새 흔적만 남아 있다. 신라의 천재 화가 솔거에 버금가는 화가가 일본에도 있었던 모양이다.

넷째, 정면을 보는 고양이. 방장 복도에 그려진 어미와 새끼 고양이 그림으로 어느 방향에서 봐도 어미 고양이가 사람과 눈을 맞춘다. 어린 자식을 지키려는 어미의 보호 본능을 드러낸 그림이라고 한다.

다섯째, 오이가 자라는 돌. 옛날에 아무도 씨를 뿌리지 않았음에도 돌 틈에서 싹이 나서 오이가 열렸다고 한다.

여섯째, 잃어버린 우산. 본전 처마에 걸쳐 있는 우산으로 화재를 막기 위한 액막이 시설이라는 설이 있다.

일곱째, 백목의 관(白木の棺). 삼문 안 2층 불당에 2개의 나무관이 놓여 있고 그 위에 부부 조각상이 있다. 삼문 공사 책임자가 건축 비용이 초과된 것을 자책하며 부인과 함께 목숨을 끊자 여기에 같이 모셨다고 한다.

지온인 경내에서 불가사의 7개를 모두 찾을 수 있을까? 아마 6개가 한계일 것이다. 백목의 관은 쉽게 볼 수 없다. 백목의 관이 있는 삼문 2층 불당은 겨울철에만 한시적으로 개방한다. 따라서 7개를 모두 찾고 싶다면 겨울에 가야 한다.

한편, 지온인에는 고려와 조선 전기에 그려진 불교의식용 불화(佛畵) 6점이 있다. 일반적으로 일본 땅에 있는 우리 문화재는 대부분 임진왜란이나 일제 강점기 때 약탈 혹은 거저먹기식 매매로 넘어간 것이다. 그런데 지온인에 보관된 불화들은 구입 사연이 조금 남다르다. 19세기 후반, 신불분리 운동이 한창일 때 불교를 배척하는 폐불훼석 운동이 일본 전역에서 일어났다. 이때 많은 절이 소장했던 불화나 불상을 값싸게 내다 팔았는데, 지온인은 이런 불교문화유산을 족족 사들였다. 당시 주지였던 우가이 데쓰조(養鸕撤定, 1814~1891) 스님의 시대를 보는 안목과 냉철한 판단력 때문이었다. 만약 그때 우가이 스님이 다른 절들처럼 방관했다면, 우리나라에 있으면 국보나 보물이 되었을 고려와 조선의 불화는 폐불훼석의 주동자들이 절을 파괴하는 과정에서 불타 없어졌을 가능성이 크다. 생각만으로도 아찔하다. 그럼 지온인에 가면 언제든 고려와 조선의 불화를 볼 수 있을까? 아쉽게도 보기 어렵다. 대규모 사찰임에도 절 내에 보존 시설을 갖춘 박물관이 없어서 지온인 소유의 주요 문화 재는 전부 교토와 나라의 국립박물관에 기탁되어 있다. 따라서 이 들 박물관에서 특별 전시를 하지 않는 이상 안타깝지만 지온인 소 유의 우리 불화를 보기는 매우 힘들다.

정도 1,100년의 기념물
헤이안 진구

지온인에서 잰걸음으로 20분, 느릿느릿 걸으면 30분 정도 걸려 일 본 근대화 시절에 만들어진 대형 신사, 헤이안 진구(平安神宮)에 도착 한다.

헤이안 진구는 1895년에 만들어졌으니 연륜이 깊은 신사는 아니 다. 하지만 교토를 수도로 만든 간무 천황을 모시고 있기 때문에 '진 구(神宮)'란 사호(社号)가 붙었다. 사호는 신사의 이름 뒤에 붙는 호칭 인데, 이를 통해 그 신사의 위상을 알 수 있다. 사호는 대체로 진구(神 宮), 구(宮), 타이샤(大社), 진자(神社), 자(社)로 나누어진다.

'진구'는 황실과 관계가 깊으면서도 격식이 높은 특별한 내력을 가진 신사만 사용할 수 있다. '구'는 진구에 모실 만큼은 아니지만 황 실과 관련된 인물이나 역사적으로 기리는 인물을 모신 신사에 붙인다. 헤이안 시대의 학자 스가와라노 미치자네를 모신 교토의 기타노 덴만구(北野天滿宮), 에도 막부 제1대 쇼군 도쿠가와 이에야스를 모신 닛코(日光)의 도쇼구(東照宮) 등이 그렇다. '타이샤'는 지역 신앙의 중심이 되는 격식이 높고 규모가 큰 신사에 붙인다. 교토에서 유명한 타이샤는 마쓰오타이샤(松尾大社)다. 701년 신라에서 건너간 도래인 하타씨 일족이 건립했다. 이외에 대부분의 '진자' 그러니까 신사는 우리가 일반적으로 부르는 것처럼 'ㅇㅇ신사'라 칭하고, '자'는 아주 작은 신사에 주로 붙는다.

헤이안 진구가 만들어진 1895년은 교토 천도 1,100년이 되는 해였다. 간무 천황은 794년에 현재의 교토인 헤이안으로 수도를 옮긴 후, 이듬해에 헤이안 궁에서 신하들로부터 공식적인 인사를 처음으로 받았다. 요즘 말로 해서 수도 이전을 공식화하는 축하 행사를 벌인 것이었다. 이렇게 교토는 1천 년 이상 수도였지만, 메이지 유신이 단행된 이후인 1868년 9월 메이지 천황은 가타부타 말도 없이 도쿄로 떠나 버렸다. 교토 시민들은 천황이 다시 교토로 돌아오리라 믿었지만, 1869년부터 완전히 도쿄에 정착해 버렸다. 그 후 일본의 수도는 도쿄가 되었다. 망연자실한 교토 시민들은 다양한 교토 살리기 행사를 기획했다. 그중 가장 큰 사업이 교토로 수도를 옮긴 간무 천황을 주신으로 모신 헤이안 진구를 만들고, 그 앞의 드넓은 광장에서 일본 경제 발전상을 한자리에서 볼 수 있는 제4회 내국권업박람회를 여는 것이었다. 또한 교토로 수도가 이전된 날인 10월 22일에 맞

취 천년 고도 교토의 역사를 재현한 지다이 마쓰리(時代祭)를 개최했다. 지금도 매년 10월 22일에 지다이 마쓰리가 열리고 있다. 교토의 역사와 풍속, 생활사를 가장행렬로 보여 주는데, 천황이 살았던 황궁인 교토 고쇼에서 출발한 2천여 명의 가장 행렬단이 약 3시간에 걸쳐 시가행진을 하며 헤이안 진구로 들어온다.

헤이안 진구가 자리한 곳은 본래 채소밭이었다. 이곳을 교토부가 매입하여 1893년부터 1만여 평 규모로 공사를 시작해 1895년 2월에 완성했다. 헤이안 진구로 들어가는 출입문인 거대한 도리이는 1928년 쇼와 천황(昭和, 1901~1989) 즉위를 기념해 만들었다. 높이 24.4미터, 기둥 둘레가 11.4미터로 일본에서 가장 큰 도리이이다.

헤이안 진구 안에는 부속 정원인 신엔(神苑)이 있는데, 근대 일본 정원 설계의 선구자인 오가와 지혜에(小川治兵衛, 1860~1933)의 작품이다. 9천 여평의 넓은 정원을 오솔길을 따라가며 감상할 수 있는 치센카이유식 정원이다. 헤이안 진구 관람은 무료이나 신엔은 입장료가 있다. 봄에는 만발한 벚꽃이 장관을 이루며, 여름에는 붓꽃과 수련들이 무덥기만 한 교토 여행의 피로를 풀어준다.

노벨 문학상을 수상한 가와바타 야스나리(川端康成, 1899~1972)는 소설 『고도古都』(1962)에서 신엔의 벚꽃 핀 풍경을 이렇게 묘사했다.

"꽃을 남김없이 다 보고 싶어요" 하고 치에코가 말했다. 서쪽 회랑 입구

헤이안 진구 도리이

에 서자 온통 흐드러지게 피어 있는 분홍빛 벚꽃 무리가 봄을 느끼게 했다. 이것이야말로 봄 그 자체였다. 축 늘어진 가느다란 가지 끝에 여덟 겹의 분홍 꽃이 흐드러지게 피어 있다. 나무가 꽃을 피웠다기보다는 가지가 꽃들을 떠받쳐주고 있다고 표현하는 것이 맞을 것 같다. "이 근처에서는 이 꽃들이 제일 좋아요."

일본 미의식에 정통하고 노벨 문학상까지 탄 작가가 보증하는 곳이 신엔의 봄 풍경이다. 이래도 들르지 않을 것인가? 미국 영화 〈사랑도 통역이 되나요?〉에도 아주 잠깐이지만 이 정원이 나온다. 영화의 주 무대는 도쿄지만, 여주인공이 신엔을 찾아와 연못 징검다리를 건너는 장면이 영화 속에 담겨 있다.

비와호 수로와
소수 기념관

헤이안 진구를 둘러봤다면 들어가는 입구 쪽으로 빠져나오자. 진구에 들어갈 때 건넜던 다리를 다시 건너 난젠지 방면으로 걸어가자. 정비가 잘된 하천길이다. 이 길 또한 봄이면 벚꽃이 만발해 걷기 좋다. 하천에는 청둥오리도 보이고, 20~30명이 승선할 수 있는 유람선도 유유히 오간다. 위쪽에 유람선 승선장이 있어 벚꽃철에는 예약을 하지 않으면 탈 수 없을 정도로 인기리에 운영되고 있다.

유람선이 오가는 헤이안 진구 앞의 물길은 자연적으로 형성된 개천이 아니다. 메이지 시대에 사람 손으로 일일이 파서 만든 운하의 일부이다. 1881년 메이지 유신 이후 천황이 도쿄에 머물러 교토 민심이 좋지 않았던 시기에 지사로 부임한 기타가키 구니미치(北垣國道)는 교토의 새 시대를 열겠다며 거창한 사업 계획을 발표한다. 비와호의 물을 끌어들여 교토 발전의 원동력으로 삼겠다는 것이었다. 비와호는 교토시와 인접한 시가현(滋賀県) 중앙부에 자리 잡은 일본 최대의 호수로 면적이 673.9제곱킬로미터에 달한다. 그러니 교토로 끌어올 수만 있다면 여러모로 활용 가치가 높았다.

사업명은 비와호 소수 사업(琵琶湖疏水事業). 소수는 '농사에 필요한 물이나 배가 오갈 수 있도록 만든 인공 물길'을 말하는데, 돈도 많이 들고 계획한다고 해도 실패할 가능성이 큰 사업이라 반대하는 사람들이 많았다. 최대 난점은 교토시와 시가현 사이에 있는 히에이산을 뚫는 것이었다. 해발 800미터가 넘는 이 산에 터널을 뚫어야만 기타가키 지사의 꿈이 이루어질 수 있었다. 지금이야 토목과 건축 기술이 크게 진보해 산 하나 뚫고 20킬로미터의 물길을 내는 건 그리 어려운 일이 아니다. 하지만 19세기 후반 이제 막 근대화의 길로 들어선 당시 일본의 기술력으로 이런 사업을 벌이는 것은 무모하기 그지없는 허황된 일이었다. 그러나 5년간의 공사 끝에 1890년 4월 비와호 소수가 준공되었다. 이 사업으로 교토는 여러 가지를 얻었다.

비와호 인클라인

첫째, 내륙 지방인 탓에 해산물을 접하기 어려웠지만, 운하가 개설됨으로써 일본 서해의 해산물 유통이 보다 쉬워졌다.

둘째, 근대 시설을 갖춘 공장들에 산업용수를 안정적으로 공급해 생산성 향상에 기여할 수 있었다.

셋째, 운하의 물을 활용하여 일본 최초로 수력발전 사업을 시작해 안정적으로 전력을 공급할 수 있었다. 운하 개설 이후 교토전등회사가 만들어지고 1895년에 아시아 최초로 노면 전차를 운행한 것은 소수 사업의 결과였다. 한편, 교토는 니시진(西陳)을 중심으로 오래전부터 비단 직물업이 발전했다. 그러나 메이지 유신 이후 급속한 산업화 정책으로 쇠락하고 말았다. 그런 비단 직물업이 소수 사업 이후 다시 부활했다. 전기가 생산되며 유럽에서 도입한 동력 방적기를 활용하여 대량 생산이 가능해졌기 때문이다. 이 또한 비와호 소수 사업으로 얻은 혜택이었다.

이처럼 교토에 다양한 혜택을 가져다준 비와호 수로는 지금도 운영되고 있다. 다만 예전처럼 화물 운반용 배는 다니지 않는다. 운하가 만들어질 당시에 익지 춘향식으로 배를 운항해서 그렇지, 사실 비와호 운하는 쉽게 배가 오갈 수 있는 구조가 아니었다.

비와호 소수 기념관 옆에 큰 다리가 있다. 헤이안 진구 입구에서 소수 기념관으로 가려면 이 다리를 건너야 하는데, 오른쪽 다리 난간에서 아래를 내려다보자. 길게 이어진 철길이 보인다. 기찻길이냐고? 아니다. 인클라인(incline)이다. 1948년에 운행을 중단했지만, 운하 개통 이후 이 철길을 이용하여 배를 레일 위 대차(臺車)에 실어 선착장이 있는 언덕 위로 끌어올린 다음 수로를 통해 비와호로 배가 다니게 했다. 철길 따라 오르내리는 일이 번거롭기에 꼭 가 보라고 권하지는 않는다. 다만, 벚꽃이 핀 봄에 간다면 이 철길을 반드시 걷자. 철길 주변이 전부 벚나무다. 만개한 벚꽃이 눈을 황홀하게 한다. 다리 왼쪽에 있는 비와호 소수 기념관은 무료로 관람할 수 있다. 교토시가 비와호 소수 준공 100주년을 기념하여 1989년에 개장한 전시관으로 소수 건설사업에 관한 거의 모든 것을 전시해 놓았다.

차경식 정원의 진수
무린안

메이지 시대의 대표적인 정원 중 하나인 무린안(無鄰菴)은 헤이안 진구의 부속 정원인 신엔을 만든 오가와 지혜에의 작품으로 1896년에 조성되었다. 무린안은 차경(借景)식 정원이다. 차경이라 함은 정원 밖의 경치를 빌려 정원 내 경치와 어우러지게 한 일본 전통 조경법이다. 그럼 일본 정원만 차경을 중시했냐? 그건 아니다. 우리나라 전통 한옥들도 대체로 차경을 활용해서 집을 지었다. 즉, 한옥의 문을 열고 마루나 댓돌 위에 서서 밖을 내다보면 담장 너머로 먼 산의 정경이 고스란히 다가온다. 우리 선조들은 마당에 인공적으로 정원을 만들기보다 수확 철에 곡식을 말릴 때 사용할 수 있도록 널찍하게 텅 빈 공간으로 놔두고 담장 가까이나 외진 곳에 나무 몇 그루나 꽃 몇 송이만 심었다. 대신 통 크게 담장 너머 자연 경치를 집 안으로 확 끌어들였다.

무린안은 정원 바깥으로 멀리 보이는 히가시야마를 차경했다. 히가시야마 산자락에 기대어 자연스럽게 이어져 내려온 듯 정원을 꾸미고 길 건너에 흐르는 비와호 소수를 끌어들여 정원 내에 물길을 냈다.

이 저택을 지은 사람은 일본 육군의 체계를 잡은 야마가타 아리토모(山縣有朋, 1838~1922)다. 아베 신조(安倍晋三, 1942~2022) 전 총리의 정치 거점지인 야마구치(山口) 출신이다. 조선 침탈의 원흉 이토 히로부미도 야마구치 출신으로, 동시대를 살았던 야마가타 아리토모 또한 우리 땅 침탈과 연관이 있는 인물이다. 그런 사람이 지어 별장으로 사용했던 집에 왜 왔느냐고? 괴롭고 슬픈 역사도 역사는 역사다. 빛나는 역사 속에서 자부심을 찾을 수 있다면, 시린 역사 속에서는 다시는 그런 역사가 반복되어서는 아니 된다는 결기를 다질 수 있다. 무린안은 그런 각오를 다질 수 있는 곳이다.

러일 전쟁이 발발하기 한 해 전인 1903년 봄, 무린안에 일본 정계에서 힘깨나 쓰던 네 명의 거물이 모였다. 주인인 야마가타 아리토모와 이토 히로부미, 총리 가쓰라 다로(桂太郞, 1848~1913), 외무대신 고무라 주타로(小村壽太郞, 1855~1911)였다. 이들은 러시아와의 외교 정

무린안

책을 논의했다. 만주를 러시아에 양보하고 조선은 일본이 차지하는 방향으로 일을 추진하되, 여의치 않을 경우에는 러시아와 전쟁도 불사한다는 내용이었다. 이에 입각하여 1904년 러일 전쟁을 치렀고, 이 전쟁에서 이긴 후 일본은 우리 땅 침탈을 본격화했다. 남의 나라 애국자가 세운 별장까지 보러 다니는 것이 쓸데없는 오지랖일 수 있다. 하지만 교토를 관광하다 보면 우리 역사, 특히 치욕과 관련된 장소가 도처에 널려 있다. 이런 곳을 외면만 해서는 안 된다. 이런 곳일수록 찾아가서 성찰하며 향후 한·일 관계의 바람직한 미래상을 그려 보아야 한다.

일본 선종 최고의 사찰
난젠지

무린안까지 봤으면 이제 난젠지(南禪寺)로 올라가자. 진입로에 들어서면 점심 식사를 할 만한 식당들이 보인다. 두부 요릿집이 많은데, 18세기 중반부터 난젠지 앞은 두부 요리로 유명했다. 난젠지 앞에서 식사를 한다면 역사와 전통이 있는 노포 준세이(順正)를 추천한다. 난젠지 주차장 바로 아래에 있는데 정원이 아름답기로 소문나 유명세를 치르는 음식점이지만 건물 자체도 눈에 넣어둘 만하다. 국가유형문화재로 등록되어 있는 연륜 깊은 집으로 에도 시대에 의학연구소로 지어져 의술 강의는 물론 당대 교토 명사들이 시문을 즐겼던 곳이다.

교토 특선 요리 중 하나인 유도후(湯豆腐)와 유바(湯葉) 요리가 준세이의 대표 음식이다. 유도후는 다시마를 우려낸 맑은 육수에 두부를 넣고 끓인 탕이다. 두부 자체의 고소함이 잘 살아 있고 담백하다. 유바는 냄비에 콩가루를 섞은 두유를 넣고 끓여 표면에 생기는 얇은 막을 걷어 먹는 요리이다. 중국 사찰에서 탄생한 요리라고 하나 우리나라에서는 맛보기 힘든 독특한 음식이다.

준세이에서 나와 위로 올라가면 솔밭 사이로 삼문이 보인다. 교토 3대 삼문 중 하나라는 명성에 걸맞게 장대하다. 정면 5칸, 측면 3칸, 높이 22미터, 2층 누각 형식의 전형적인 선종 사찰 삼문이다. 교토에 있는 대부분의 사찰이 그렇듯 난젠지 역시 역사와 전통을 자랑하는 연륜 깊은 사찰이다.

1264년 가메야마 천황(龜山, 1249~1305)이 별궁으로 젠린지도노(禪林寺殿)를 지었다. 천황은 이후 황위를 버리고 출가해 젠린지도노를 선종 사찰로 개조하고 난젠지라 이름 붙였다. 천황 가문이 선종 사찰을 지은 첫 사례로, 이후 난젠지는 황실의 적극적인 후원 속에 사세를 확장했다. 특히 무로마치 시대에 역량 있는 스님들을 연달아 배출하며 절의 위상을 드높였고, 1385년에는 무로마치 막부의 제3대 쇼군 아시카가 요시미쓰(足利義滿, 1358~1408)가 선종 5산 제도를 손보며 난젠지를 특급으로 대우했다.

선종 5산 제도란 가마쿠라 막부가 교토와 가마쿠라의 선종 사찰 중 위상이 높은 5개 사찰을 지역별로 선정하여 특별 지원한 제도를 말한다. 여기에 선정된 사찰들은 황실과 막부의 지대한 후원을 받으며 권위가 급격히 높아졌는데, 아시카가 요시미쓰는 자기 가문에서 세운 쇼고쿠지(相国寺)를 교토 5산 안에 넣고 싶어 했다. 당시 교토 5산은 난젠지가 1위, 덴류지(天龍寺)가 2위 사찰이었는데, 새로 지은 쇼고쿠지를 이 유서 깊은 사찰과 대등하게 하려고 하니 낯간지러웠다. 그래서 나온 꼼수가 난젠지를 5산지상(五山之上)이라 하여 특급으로 우대하는 것이었다. 그러고는 그 아래 등급으로 1위 덴류지, 2위 쇼고쿠지, 3위 겐닌지, 4위 도후쿠지, 5위 만주지(万寿寺)로 등급을 매겼다. 이처럼 난젠지는 무로마치 시대부터 어느 사찰도 넘볼 수 없는 으뜸 권위를 지닌 선종 사찰이었다. 위상이 이러했으니 사세 또한 대단했다. 10만 평의 넓은 부지에 부속 사찰인 탑두 사원 수십 개가 주변에 있었다. 하지만 난젠지 또한 화재의 위협에서는 벗어날 수 없었다. 오닌의 난으로 교토 전체가 불바다가 되며 난젠지도 큰 피해를 입었다. 이후로도 두 번이나 대형 화재를 겪으며 한때 없어질 지경에 이르기도 했다. 이런 절이 부흥하여 그나마 지금과 같은 사세를 갖춘 것은 도요토미 히데요시와 그의 뒤를 이어 집권한 도쿠가와 이에야스의 지원으로 전각들이 다시 제 모습을 찾았기 때문이다.

난젠지 삼문은 도쿠가와 이에야스의 재정 후원 속에 에도 막부 초기에 지어졌다. 도요토미 히데요시 세력을 완전히 몰락시키고 권력을 쥐게 되는 '오사카 여름 전투(1615)'에서 전사한 장수들의 명복을 빌기 위해 세웠다고 한다. 2층 누각의 불당 안에는 부처상과 함께 도쿠가와 이에야스와 부하들의 위패가 있다. 대부분의 절은 삼문의 2층 누각을 공개하지 않지만, 난젠지는 비록 입장료를 별도로 받을 망정 누각을 개방하고 있다. 누대에 올라서면 멀리 교토 시내가, 가깝게는 소나무 군락이 쫙 펼쳐져 볼 만하다. 홍엽 가득한 늦가을이라면 더욱 그렇다.

삼문을 지나 절 안으로 들어가면 방장 건물이 나온다. 도쿠가와 이에야스가 집권하던 시절인 1611년 어소의 건물을 가져다 침전조 (寢殿造) 양식으로 대방장과 소방장을 잇대어 지었다. 침전조 양식은 헤이안 시대에 황실과 귀족들의 주택 및 정원 설계에서 시작된 일본 고유의 건축 양식이다. 사방 100미터 정도의 넓은 공간에 주거용 건물을 짓고 안쪽에 정원을 배치한 구조이다.

난젠지의 대방장 정원은 료안지(龍安寺) 정원과 함께 일본 정원의 명작으로 알려져 있다. 설계자는 17세기 전반 무렵 여러 유명 정원을 조경했던 전설적인 정원 설계가 고보리 엔슈이다. 일본에서는 엔슈와 같이 정원 설계를 했던 사람들을 정원을 만든 사람이란 의미에서 '작정가(作庭家)'라 한다.

난젠지의 정원은 담장 쪽으로 이끼가 깔려 있고 마당 전체는 연회색빛 잔돌로 가득 채웠다. 전형적인 가레산스이 정원이다. 돌과 잔

대방장 정원
삼문 누각에서 바라본 단풍

수로각

모래, 나무 몇 그루로 이루어진 가레산스이 정원은 선종 불교와 밀접한 연관 속에 만들어졌다. 아라시야마(嵐山)의 덴류지를 창건한 무소 소세키(夢窓疎石, 1275~1351) 스님이 창시자로 선의 이미지를 정원에 구현하고자 했다. 이전의 일본 정원이 자연의 아름다운 모습을 축소하여 집 안에 배치하고 거닐면서 즐기는 공간이라면, 가레산스이 정원은 참선을 하며 지긋이 관조하는 공간이다. 정원이 선(禪)의 수행 방법인 명상을 이끄는 기능성을 추구하게 된 것이다.

어느 절에나 실내 공간을 분할하는 미닫이문 후스마에 다양한 그림이 그려져 있는데, 난젠지에서는 소방장 후스마에 그려진 〈군호도 群虎圖〉가 볼 만하다. 에도 막부 초기에 활약했던 걸출한 화가 가노 단유(狩野探幽, 1602~1674)의 작품으로 대밭에서 뛰어노는 호랑이 무리 그림이다.

화살표를 따라 방장 구역을 휘돌아 나오면 옆쪽에 있는 수로각(水路閣)으로 가자. '아니! 웬 로마 시대 작품이 여기에' 하며 의아해할지도 모른다. 수로각은 비와호 소수를 철학의 길 쪽으로 흘려보내기 위해 로마 시대 수도교를 모방해 만든 물길이다. 적벽돌을 구위 아치형으로 쌓아 올려 물길을 냈는데, 설치 당시에는 난젠지의 아름다운 경관을 해친다는 이유로 반대하는 이가 많았다. 하지만 130여 년의 세월이 흐른 지금은 세월의 흔적이 묻어나며 난젠지와 자연스럽게 어우러져 관광객을 끌어모으고 있다.

철학자 니시다 기타로가 걸었던
철학의 길

철학의 길은 난젠지 수로각에서 이어지는 수로를 따라 은각사 입구까지 약 2킬로미터 정도 길게 이어진 벚꽃길이다. 철학의 길이란 운치 있는 이름은 교토대 교수이자 철학자인 니시다 기타로(西田幾多郞, 1870~1945)가 즐겨 걸었다고 해서 붙여진 것이다.

사시사철 언제 가도 풍광이 멋진 철학의 길에서 아쉬운 점은 복작이는 인파 덕분에 운치 있게 걸을 수 없다는 것이다. 10여 년 전만 하더라도 천천히 주변을 둘러보며 사색에 잠겨 걸을 수 있었다. 그런데 유명 관광지로 탈바꿈한 뒤로, 특히 벚꽃 피는 봄에는 앞으로 발을 내딛기도 힘겨울 정도로 관광객이 붐벼 '철학의 길'다운 걷기가 불가능하다. 따라서 관광객이 많은 시기에 이 길을 호젓하게 걷고 싶다면 아침 일찍 가서 동네 주민들과 아침 산책을 하라고 권하고 싶다. 또한 벚꽃철이라 하더라도 꽃이 필 시기보다는 질 무렵에 걷기를 권한다. 잔잔한 바람에도 흐르는 물에 한 움큼씩 우수수 떨어지는 연분홍 꽃잎이 절로 탄성을 자아낸다.

철학의 길

히가시야마 문화의 산실
은각사

은각사(銀閣寺, 긴카쿠지)와 금각사(金閣寺, 킨카쿠지). 교토 관광지를 소개하는 모든 책자에 이 두 절은 반드시 대비되어 나온다. 금으로 치장한 절과 은으로 치장하려 했던 절이란 이색적인 특징이 두 절을 비교 선상에 두게 하지만, 역사적으로도 금각사와 은각사는 인연이 깊은 절이다. 둘 다 임제종 쇼고쿠지파의 딸림 사찰이자 무로마치 막부의 쇼군들이 만든 절이다. 임제종은 중국에서 탄생한 선종 종파로 우리나라와 일본 선종에 지대한 영향을 미쳤다.

　금각사와 은각사 중 시기적으로 더 빨리 개창된 절은 금각사이다. 무로마치 막부의 제3대 쇼군 아시카가 요시미쓰가 아들에게 자리를 물려주고 자신의 거처로 지은 집을 후에 절로 만들었다. 반면 은각사는 무로마치 막부의 제8대 쇼군 아시카가 요시마사가 은퇴하며 지은 저택 히가시야마도노(東山殿)를 그의 유언에 따라 사후에 절로 만들었다. 절의 이름은 아시카가 요시마사의 법명인 자소(慈照)에서 따와 히가시야마 지쇼지(東山 慈照寺)라 했다. 그런데 왜 '은각사'라고 하느냐? 그 이유는 금박으로 벽면 전체를 둘러싼 금각사처럼 절 내의 핵심 건물인 관음전 외벽을 은박으로 치장하려 했기 때문이다. 그런데 정말로 은박으로 단장하려 했는지는 미스터리이다. 일본에서도 궁금했는지 2007년에 엑스선 투시로 관음전의 외벽을 검사

했다. 그 결과, 은박은 단 한 번도 단 한 장도 부착되지 않은 걸로 판명되었다. 이를 통해 은각사라는 별칭은 금각사에 대비하여 붙여진 이름에 불과하다는 것을 알 수 있다.

은각사의 창건주인 아시카가 요시마사는 정치적으로 아주 무능했던 인물이다. 그러나 문예에는 뛰어난 자질을 가지고 있었다. 그는 여덟 살에 쇼군의 자리에 올랐다. 이 나이에 어찌 국가를 통치했겠는가. 당연히 정치는 주변 인물들이 주도했고 이십 대로 접어들며 직접 통치도 했지만, 처가 쪽 사람들의 위세에 눌려 운신의 폭은 지극히 좁았다. 이런 환경 때문인지 아시카가 요시마사는 젊은 시절부터 정치보다는 문화와 예술 쪽으로 눈을 돌려 세상 시름을 잊고자 했다. 중심을 잡고 나라를 이끌어야 할 리더가 본업인 정치를 내팽개치고 다른 데 열중할 때 잘되는 나라는 세상에 단 한 곳도 없다. 일본 역시 그랬다. 쇼군의 권위가 바람 앞의 등불처럼 흔들리자 다이묘들이 득세했는데, 급기야는 쇼군의 후계 문제를 놓고 두 편으로 나뉘어 치열하게 싸운 오닌의 난까지 일어났다.

다이묘는 지방에 드넓은 영지인 번(藩)을 가지고 있는 고위 무사 세력이다. 그들의 최정점에 선 자가 쇼군이었다. 즉 쇼군도 다이묘였다는 이야기다. 부하들이 편을 갈라 싸우고 있으면 쇼군 본인이 주도권을 쥐고 다이묘 세력들을 제압했을 법도 하다. 하지만 아시카가 요시마사는 그렇게 하지 못했다. 1473년에는 아예 아들인 아시카가 요시히사(足利義尚, 1465~1489)에게 쇼군 자리를 물려주고 문학과 예술의 세계로 도피해 버렸다.

얄궂게도 이렇게 정치적으로 혼란할 때 의외로 문화적인 면에서는 전성기를 구가하는 경우가 간혹 있다. 우리 역사를 헤집어 봐도 그렇다. 팔만대장경으로 상징되는 인쇄문화와 상감청자로 대변되는 도자기 문화가 언제 융성했는가? 몽골 세력이 고려를 침탈하여 나라 자체가 풍전등화의 위기에 빠져 있을 때였고, 집권 세력은 무신 정권이었다. 일본도 그랬다. 오닌의 난으로 나라 재정은 완전히 결딴나고 백성들의 삶은 곤궁하기 그지없었으나, 아시카가 요시마사가 문예를 장려하며 예술가들을 우대하고 후에 은각사라 불리는 히가시야마도노를 조영하니, 이 시기에 무로마치 시대의 문화 예술은 꽃을 활짝 피웠다. 이 문화를 일본 문화사에서는 '히가시야마 문화(東山文化)'라고 한다.

은각사로 대변되는 히가시야마 문화는 아시카가 요시마사가 쇼군 자리에서 물러난 후 기타야마(北山)에 저택을 지었던 할아버지 아시카가 요시미쓰를 흉내 내 히가시야마 자락에 별장을 짓고 '와비사비(わびさび)'를 근간으로 하는 문화의 중심지로 삼은 데서 유래한다. 히가시야마 문화를 주도한 세력은 무사들이었으며, 그들이 선호했던 선(禪) 사상이 농후하게 반영되었다. 난젠지의 대방장 정원이나 료안지의 이시니와로 대표되는 가레산스이 정원이 히가시야마 문화의 시대를 대변하며, 서민 문화 또한 이때부터 싹텄다.

와비사비는 일본 전통문화를 설명할 때 반드시 등장하는 미의식

은각사 진입로

이다. 선종의 영향 속에 나타난 미적 관념으로 '평범한 사물을 감상할 때 아무리 불완전하고 초라한 것일지라도 거기서 아름다움을 발견할 수 있다'는 뜻이 담겨 있다. 와비사비 정신을 잘 나타내는 것으로 일본 다도(茶道)에서 최고로 치는 찻사발인 '이도다완(井戶茶碗)'을 들 수 있다. 조선 전기에 지방의 도요지에서 주로 생산된 질그릇으로 여염집에서나 사용했을 것 같은 단순하고 투박한 이 사발을 일본 다도인들은 최고의 찻사발로 여겼다. 운 좋게 하나를 구입하면 자자손손 가보로 물려주며 가문의 영예로 생각할 정도였다. '화려함과 격식을 갖춘 일상생활 속에서 사용하는 찻잔의 질박함!' 이것이 와비사비 정신으로 선종 불교 사상의 영향 속에 등장한 일본 특유의 전통 미의식이다.

은각사는 절도 절이지만 정원이 절의 명성을 높이는 데 한몫 단단히 하고 있다. 일단 절 내부로 들어가는 진입로가 여타 절과는 다르다. 콘크리트 벽처럼 반듯하게 다듬어진 7~8미터 높이의 동백나무와 치자나무로 구성된 울타리가 50미터 정도 이어진다. 잘 다듬어놔서 자세히 들여다보지 않으면 어떤 나무인지 알 수 없을 정도로 빽빽하게 들어찬 숲 벽이다.

절 내로 들어서면 물결무늬의 은빛 모래 정원이 꽉 들어찬 수목과 어우러져 있다. 안쪽에는 원뿔형으로 후지산 모양의 모래언덕이 만들어져 있다. 고게쓰다이(向月台), 딜을 향하는 누대란 뜻이다. 고게쓰다이 너머로는 옻칠로 단장되어 검게 보이는 은각(銀閣), 관음전이 보인다. 2층짜리 누각인 관음전의 1층 신쿠덴(心空殿)은 일본 전통 주택 구조로 지어졌다. 2층 조온가쿠(潮音閣)는 중국 사원 양식으로 꾸몄으며 관세음보살상을 모셨다. 사모지붕 한가운데에는 봉황상이 말쑥하게 서 있다. 은각 옆에는 방장 건물과 함께 도큐도(東求堂)가 서 있다. 이 건물만 보더라도 선종 불교의 영향 속에 한 시대를 구가한 히가시야마 문화가 어떤 특질의 문화인지 짐작할 수 있다. 기와 대신 편백나무 껍질로 지붕을 인 사방 3칸 반의 아담한 건물로 무척 수수하다. 내부 구조는 남쪽으로 자그마한 불당이 있으며, 북쪽으로는 다다미 여섯 장과 넉 장 반 크기의 방이 있다. 이 중에서 북동쪽의 다다미 넉 장 반의 방은 도진사이(同仁齋)다. 아시카가 요시마사는 주로 이 방으로 명사들을 초빙하여 함께 차를 마시고 문장도 논하며 히가시야마 문화를 창출했다.

한편, 도진사이는 오늘날 정형화된 일본 방의 출발점이자 경치가 좋은 곳에 암자처럼 작게 지어진 초암다실(草庵茶室)의 시초가 된다. 이렇게 말하는 이유는 지금이야 이보다 훨씬 큰방도 있겠지만 일본 전통 가옥 구조에서 큰방은 다다미 여덟 장, 보통 방은 여섯 장, 작은 방은 넉 장 반으로, 두 명이 드러누울 정도의 작은 방인 다다미 넉 장 반짜리가 일반적이었다. 우리에게는 생소하지만 일본 사람들에게 다다미 넉 장 반은 바로 고개 끄덕일 정도로 그 크기의 짐작이 가능한 보통 방이다. 도진사이 내부 구조도 그렇다. 도자기 같은 장식품을 놓기 위해 층을 달리하여 계단식으로 설치한 선반인 '치가이다나

(違い棚)'가 벽면에 설치되어 있고, 족자를 걸고 꽃병과 같은 장식품을 놓아두기 위한 별도의 공간 '도코노마(床の間)'를 벽체 안쪽에 다다미 한 장 크기 정도로 방바닥보다 약간 높게 설치했다. 이 또한 이후 일본 가옥 구조에 큰 영향을 준 구조물들이다. 초암다실의 시초가 도진사이라고 하는 이유는 이 다실의 규모가 다다미 넉 장 반이며, 일개 방에 불과했던 도진사이에서 차를 마시며 담소를 나누던 다도 문화가 점차 독립된 공간인 초암다실로 발전했기 때문이다.

일본 건축사와 관련해서 설명해야 할 것이 하나 더 있다. 은각 옆에 있는 도큐도는 최초의 서원조(書院造) 건축양식 건물이다. 서원조란 헤이안 시대에 탄생한 침전조 양식에 이어 무로마치 시대에 새롭게 등장한 무가사회를 상징하는 신건축 양식이다. 이 양식의 특징은 도코노마와 치가이다나를 방 안에 설치하고 바닥 전체에는 다다미를 깔았다는 데 있다. 천장은 격자천장으로 했으며, 신분이 높은 사람이 방문했을 경우를 대비해 바닥의 일부분을 약간 높여 이곳에만 별도의 다다미를 놓았다. 이른바 높은 사람이 앉는 상석(上席)이 설치된 것이다. 이러한 특징이 고루 들어간 서원조 양식의 건물은 초기에는 무사의 집에만 허용되었다. 하지만 세월이 흐르며 규제 약화 속에 돈 많은 상인들이 집을 서원조로 꾸몄으며, 평민들도 따라 하기 시작했다. 이후 일본의 전통 가옥은 규모는 작을지언정 대체로 서원조 양식에 따라 짓고 있다.

도큐도 앞에 있는 연못은 긴쿄치(錦鏡池)로, 우리말로 풀어쓰자면

고게쓰다이

관음전
은각사 정원

'비단 거울 연못'이다. 보름달이 휘영청 떠오르는 달 밝은 밤이라면 긴샤단(銀沙灘)이라 이름 지어진 은빛 모래 정원과 어우러져 자못 운치가 더했을 것 같다.

연못을 뒤로 하고 관람로를 따라 5분쯤 올라가면 전망대가 있다. 가을 단풍이 아름다운 곳으로 은각사 전경이 훤히 보이며 그 너머로 교토 시내가 먼 곳까지 아스라이 모습을 드러낸다. 은각사 뒷산인 다이몬지산(大文字山)에서는 매년 8월 16일 저녁 8시에 먼 곳에서 보면 '大'자로 보이는 불놀이 축제가 열린다. 교토의 동쪽과 북쪽 산 여섯 군데에 글자 대(大), 묘(妙), 법(法)과 배 모양, 도리이 모양을 만들어 놓고 10분 간격으로 연달아 불을 붙이며 건강과 장수를 기원한다. 대체로 '대'자에 이어 '묘'와 '법'자, 배 모양, 또 다른 '대'자, 마지막으로 도리이 모양에 불을 붙이는데 실제로 불을 붙이는 산은 여섯 군데지만, 묘와 법을 한 쌍으로 간주하여 '다섯 산의 불'이라 한다. 그래서 축제 이름도 다섯 산에서 배웅하는 불이란 의미의 '고잔노오쿠리비(五山送り火)' 또는 큰 글자 불로 배웅한다는 뜻에서 '다이몬지오쿠리비(大文字送り火)'라 한다. 일본 최대의 명절인 오봉(お盆) 때 이승으로 온 조상의 영혼을 다시 저세상으로 돌려보낸다는 의미를 담은 행사다. 교토 사람들은 각 산에서 불꽃이 타오르면 조상의 영혼이 저승으로 돌아갔다고 믿는다. 만약 8월 16일에 교토에 있다면 데마치야나기(出町柳)의 가모가와 다리 위로 가자. 시야가 탁 트여 있어서 6곳의 불 모두 잘 보인다. 또 운이 좋으면 강물에 띄우는 등롱도 볼 수 있다. 오봉 기간에 달았던 등롱과 공양물을 물에 흘려 보내는데, 이를 등롱을 물에 떠내려 보낸다는 뜻에서 '도로나가시(燈籠流し)'라고 한다. 저승으로 돌아가는 조상의 영혼을 배웅한다는 의미를 담고 있다.

은각사 진입로에서 북서쪽으로 수로를 따라 쭉 걸으면 교토조형예술대학교가 나온다. 시인 윤동주가 머물렀던 곳이라는 표지석과 함께 대표작「서시」가 한글과 일본어로 나란히 새겨진 시비가 제2캠퍼스인 다카하라고우샤(高原校舍) 앞에 서 있다. 현재 이 캠퍼스 자리가 교토 고쇼 옆에 있는 도시샤대학교에 다녔던 윤동주 시인의 하숙집 터라고 한다. 도시샤대학교의 5년 후배였던 교토조형예술대학교 도쿠야마 쇼초쿠(德山詳直) 이사장이 제2캠퍼스를 리모델링하면서 선배인 윤 시인이 묵었던 하숙집 자리임을 알고 2006년에 비를 세웠다. 시비가 서 있는 곳은 대학 본관이 아니라 제2캠퍼스인 다카하라고우샤(京都市 左京区 田中町25) 앞이다. 은각사 진입로에서 좀 멀긴 하다. 그러나 기왕에 간 교토, 여유가 있으면 이곳까지 가서 민족시인 윤동주를 추모하며 2일째 여정을 마치자.

여행 사흘째 걷게 되는 기타야마 자락 일대는
우리나라 여행자들에게는 잘 알려지지 않은 곳이다.
하지만 기타야마 자락을 동에서 서로 걷다 보면
일본 전통문화의 정수를 간직한 여러 사찰을 만날 수 있다.
교토 관광 일 번지를 다투는 금각사, 가레산스이 정원으로
유명한 료안지, 황실 자손들이 대대로 주지를 맡은 사찰
닌나지와 다이카쿠지가 교토 북쪽 지대에 줄줄이 서 있다.
백제왕들을 신으로 모시고 있는 히라노 신사도 우리
민족이라면 들러 볼 만한 관광지이다.

기타야마

자락을 따라서

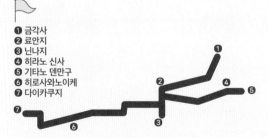

❶ 금각사
❷ 료안지
❸ 닌나지
❹ 히라노 신사
❺ 기타노 덴만구
❻ 히로사와노이케
❼ 다이카쿠지

기타야마 문화를 창출한
금각사

금각사(金閣寺, 킨카쿠지)는 교토 북쪽 외곽에 자리 잡고 있는 절이지만, 교토 관광 일 번지를 다투는 곳답게 교통편은 편리한 편이다.

금각사 경내에 발을 디디면 수목이 잘 가꾸어진 호수 교코치(鏡湖池) 너머로 황금빛 금각이 물그림자를 드리우며 나래를 활짝 펴고 있다. 가히 환상적이다.

금각사를 세운 주인공은 무로마치 막부의 제3대 쇼군 아시카가 요시미쓰다. 아시카가 요시미쓰는 열한 살이란 어린 나이에 쇼군이 되었다. 대개 어릴 때 정권을 물려받으면 외가나 처가 쪽 사람들에 치여 제대로 실력 발휘를 하지 못하는 경우가 많다. 하지만 아시카가 요시미쓰는 달랐다. 20세 초반부터 주도권을 쥐고 직접 막부를 이끌며 역량을 발휘했다. 그는 교토 고쇼 근처 무로마치 거리 일대의 거대 저택에서 살았는데, 1394년에 장남에게 쇼군 자리를 물려주고 현재의 금각사 땅을 사들여 별장 기타야마도노(北山殿)를 짓고 은거했다. 이듬해 출가해 승려가 된 아시카가 요시미쓰는 10여 년을 이곳에서 살다가 선종 사찰로 바꾸라는 유언을 남기고 세상을 떠났다. 이에 무로마치 막부 제4대 쇼군 아시카가 요시모치(足利義持, 1386~1428)는 요시미쓰의 법호에서 따온 '로쿠온지(鹿苑寺)'로 이름을 바꾼다. 금박을 입힌 누각이 워낙 유명해서 흔히 금각사라 부르지만, 정식 이름은 로쿠온지다.

오늘날의 금각사를 있게 한 금각은 3층 누각이다. 1층은 침전조 양식의 호스이인(法水院)으로 내부에 아시카가 요시미쓰 조각상이 석가모니 불상과 함께 모셔져 있다. 2층은 무가 사회가 들어서며 태동한 서원조 양식으로 만든 조온도(潮音洞)이다. 관음보살상과 이를 호위하는 사천왕상이 있다. 3층 구쿄조(究竟頂)는 중국풍의 선종 사찰 건축 양식으로 한가운데에 사리함을 두었다.

금각 옆에 있는 방장 정원에는 배처럼 모양새가 잡힌 소나무가 거의 드러눕듯이 서 있다. 육지에 있는 배 모양 소나무라 해서 리쿠슈노마쓰(陸舟之松)라고 한다. 아시카가 요시미쓰가 직접 심은 소나무라 전해지고 있으니 수령이 무려 600여 년 정도 되는 셈이다.

금각과 방장을 본 뒤에는 다실로 가 보자. 아시카가 요시미쓰가 차를 우릴 때 사용했다는 우물인 긴가센(銀河泉)이 나오고, 세수할 때 사용한 간카스이(巖下水)도 나온다. 백성을 편안케 한다는 뜻의 작은 연못 안민타쿠(安民澤)도 있다. 가뭄에도 물이 마르지 않아 농사에 지장을 줄 정도로 심한 가뭄이 들면 이곳에서 기우제를 지냈다고 한다. 산책로 주변에 눈길을 주며 돌계단을 올라서면 언덕 위에 다실이 있다. 셋가테이(夕佳亭)다. 다도 문화가 유행처럼 번졌던 17세기에 세워진 초암 다실이다.

교토의 많은 절이 그러했던 것처럼 금각사 또한 오닌의 난 때 절 전체가 불타 버렸다. 하지만 불행 중 다행으로 금각만큼은 20세기 중반까지 잘 유지되었다. 그런 금각이 1950년에 흔적도 없이 사라졌다. 7월 2일 새벽녘이었다. 하야시 쇼켄(林承賢)이라는 20대 초반의 승려가 '불법보다 관광객이 내는 관람료에 신경 쓰는 절의 속물주의 근성에 염증을 느꼈다'며 불을 질렀다. 이 사건은 일본 사회에 큰 충격을 던졌으며, 소설가 미시마 유키오(三島由紀夫, 1925~1970)는 이를 소재로 탐미주의 소설 『금각사』(1956)를 쓰기도 했다.

교토 시민들 사이에서 복구를 위한 모금 운동이 전개되었고, 메이지 시대에 대대적인 보수를 하며 그려 놓은 수리 도면이 있어서 원형에 가깝게 복구할 수 있었다. 다만 1986년에 한 차례 더 보수 작업을 벌여 2층과 3층 벽체에 사방 10센티미터의 금박 20만 장을 부착했다.

금각사와 은각사는 둘 다 쇼고쿠지의 딸림 사찰이다. 그래서 그런지 두 절은 입장권이 부적 형태로 비슷하다. 금각사 입장권에는 금각 사리전을 부처님이 수호한다는 '금각사리전 어수호(金閣舍利殿 御守護)'가 큰 글씨로 쓰여 있고, 좌우에는 운이 열리고 복을 불러온다

금각사

는 '개운초복(開運招福)'과 집안이 편안하라는 기원을 담은 '가내안전 (家內安全)'이 적혀 있다. 비록 돈을 받고 발권하는 것이지만 사소한 아이디어로 사람의 기분을 좋게 만드는 이색적인 입장권이다.

가레산스이 정원이 유명한
료안지

서양 사람들에게 교토에서 가장 가고 싶은 절이 어디냐고 물으면, 많은 사람이 료안지(龍安寺)를 꼽는다. 가장 가고 싶은 절로 료안지가 꼽히는 데는 몇 가지 이유가 있다.

첫째, 이제는 고인이 된 영국 여왕 엘리자베스 2세가 1975년에 일본을 방문하며 료안지의 가레산스이 정원인 이시니와(石庭)를 절찬했는데, 그 당시 유럽인들에게 큰 인상을 남겼다.

둘째, 중국에서 태동한 선불교는 일본 불교 학자들에 의해 서양에 널리 알려졌다. 서양에서는 선(禪)을 일본식 발음인 '젠(Zen)'으로 번역하며, 료안지의 이시니와는 선 사상을 가장 잘 구현한 정원으로 알려져 있다.

셋째, 서양의 대표적인 전위 예술가 존 케이지(John Cage)가 1950년대에 선 사상에 심취하더니 연주차 교토를 방문한 1962년에 료안지의 이시니와를 찾았다. 이때 느낀 이시니와의 이미지를 소묘로 스케치하여 〈료안지는 어디에?(Where R =Ryoanji)〉라는 제목을 붙여 공개했다. 이 작품이 서양 미술계에 큰 인상을 남기며 료안지의 이시니와는 신비하고 철학적인 장소로 알려졌다.

이시니와, 즉 돌 정원은 아무 생각 없이 가서 보면 별것 아니다. 하지만 선 문화를 조금이나마 이해하고 느긋하게 관망하면 단순하면서도 정갈하게 가꾸어진 정원이 상당히 인상적으로 다가온다. 80여 평정도 되는 담장 낮은 마당에 회색빛이 도는 흰 자갈이 잔뜩 깔려 있다. 이 자갈밭 안에는 15개의 작은 돌덩이를 몇 무리로 나누어 곳곳에 배치해 놓았다. 이 돌은 어느 각도에서 봐도 14개만 보인다. 왜 15개의 돌로 정원 구성을 했는지, 나머지 하나는 왜 안 보이게 했는지에 대한 정설은 없다. 일본 내에서도 그저 여러 설만 오갈 뿐이다. 어떤 이는 음력을 사용했던 동양에서 15는 보름, 즉 꽉 찼음을 뜻하는 반면 14는 하나가 부족한 숫자로 결핍 또는 부족을 의미하기에 의도적으로 배치했다고 한다. 그러면서 '원하는 것을 다 가질 수 없는 것이 우리네 인생살이다'라는 인생철학을 논한다. 또 어떤 이는 일본에서는 '어떤 물체도 완성 뒤에는 붕괴가 시작된다'는 사유가 있어서 의도적으로 불완전 숫자인 14를 선택했다고 주장하기도 한다. '이 정도 크기의 정원에 여기저기 돌을 놓다 보면 하나가 겹쳐서 안 보이는 게 자연스럽지 않은가'라며 순전히 우연의 산물이라는 주장도 있다.

료안지는 교토의 유명한 사찰들에 비하면 규모가 작다. 헤이안 시대에 료안지의 뒷산 자락은 천황들의 무덤 자리였다. 이런 곳에 헤이안 시대 말기 즈음 명문귀족 집안인 후지와라 가문의 귀족이 별장과 절을 지었다. 그러나 이 절은 후지와라 가문이 몰락하면서 함께 사라졌고, 무로마치 시대인 1450년에 관령(管領)을 지낸 호소카와 가쓰모토(細川勝元, 1430~1473)가 다시 절을 지었다. 오늘날 료안지의 기원이 되는 사찰이다. 관령은 무사정권 시절에 쇼군을 보좌하며 막부의 정치를 총괄하는 정계의 2인자로, 현재 우리나라 직제로 치면 대통령 비서실장 겸 국무총리라고 할 수 있다.

그런데 창건 초기의 료안지는 오닌의 난으로 불타 버렸다. 료안지가 창건되고 17년이 지난 1467년이었다. 호소카와 가쓰모토는 동군과 서군으로 갈라져 싸운 오닌의 난 당시 동군의 대장이었다. 서군 진영에 있던 료안지는 아이러니하게도 개창자 가쓰모토에 의해 불타 버렸다. 절의 재건은 호소카와 가쓰모토의 아들 마사모토(細川政元, 1466~1507)에 의해 이루어졌다.

이시니와를 보러 가려면 절의 사무를 보는 공간인 고리(庫裏) 건물로 들어가야 한다. 이때 신발장 옆에 세워진 대형 붓글씨 가림막을 유심히 살펴보자. 전면에는 '운관(雲関)', 후면에는 '통기(通気)'라는 글씨가 쓰여 있다. 불교와 한학에 능통했던 데라니시 겐잔(寺西乾山, 1860~1945)의 1934년 작품이다. '운관'은 당나라 시대를 살았던 명성 높은 선종 승려 운문(雲門, ?~949) 선사에게로 들어가는 관문이란 뜻이다. 료안지가 선종 사찰이니 가림막으로 안성맞춤인 서예 작품이다.

이시니와에서 선의 기운을 충분히 느꼈다면 방 안의 미닫이문인 후스마에 그려진 그림도 놓치지 말자. 구름 속을 헤쳐 나가는 용이 운치 있게 그려져 있다. 잘 보면 우리나라 명산 금강산도 보인다. 1950년대 중반에 그려진 작품으로 화가 사츠키 가쿠오(皐月鶴翁, ?~?)가 그렸다. 사츠키 가쿠오는 일제 강점기 시절에 금강산을 무려 18차례나 다녀온 금강산 마니아였다. 일본 땅, 그것도 천년고도 교토에서 우리 산천을 감상하는 맛이 좋다. 어느 그림이 금강산도인지 확인하고 싶다면 가까이 다가가서 오른편 위에 적힌 한자를 확인하시라. 비로봉(毘盧峰), 정양사(正陽寺) 같은 금강산 명승지 이름이 보인다.

방장 뒤쪽으로 돌아가면 정원에 엽전 모양의 물그릇이 놓여 있다. 다실 입구에 설치되어 손을 씻을 때 사용하는 것으로 '쓰쿠바이(蹲踞)'라고 한다. '蹲(준)'과 '踞(거)', 두 한자 모두 '웅크리다'란 뜻이 있다. 다실로 들어가기 전에 자세를 낮추고 손과 입을 씻으며 겸허한 마음 상태를 갖추란 의미를 담고 있다. 그런데 이 그릇의 상하좌우로 글자가 새겨져 있다. '오(五), 추(隹), 시(矢), 필(疋)'이다. 의미를 살펴려 해도 해석이 되질 않는다. 그럴 수밖에 없다. 네 글자 모두 그릇 중앙에 파여 있는 네모 구멍(口)과 결합해야 비로소 온전한 글자가 되어 제대로 읽을 수 있다. 오유지족(吾唯知足), '나는 오직 족함을 알 뿐'. 석가모니의 마지막 설법을 담고 있는 『유교경(遺敎經)』에 이런 말이 있다. "족함을 모르는 자는 부유해도 가난하고, 족함을 아는 자는 가난해도 부유하다(不知足者 知足之人 雖貧而富)." 이 문장을 축약해

운관 가림막
쓰쿠바이

이시니와
후스마에 그려진 금강산

서 새겨 놓은 것이다. 선종 사찰답다. 더구나 다실로 오르는 입구에 이런 문장이 쓰쿠바이에 새겨져 있으니 그 의미가 더 살아난다.

　방장 건물 내부 관람을 끝내고 나오면 큰 연못을 돌아 절 밖으로 나가게 된다. 마치 우리나라 연못을 걷는 듯한 기분이 든다. 일본 절답지 않게 조경을 한 듯 안 한 듯 자연스럽다. 거울 연못이란 뜻을 지닌 쿄요치(鏡容池)이다. 연못가로 난 산책로를 따라 타박타박 걸어 내려가면 삼문 밖이다. 료안지 근처에서 식사를 한다면 쿄요치 서편에 있는 세이겐인(西源院)을 추천한다. 쿄요치를 한눈에 담으며 두부 요리나 일본 사찰 음식인 쇼진요리(精進料理)를 즐길 수 있다.

대표적인 몬세키 사찰
닌나지

료안지를 나와 서쪽 방면으로 10분쯤 걸어 내려가면 도로에 면하여 우뚝 서 있는 대형 절 문이 나온다. 교토 3대 삼문 중 하나인 닌나지(仁和寺)의 정문 '니오몬(仁王門)'이다. 이름처럼 큼직한 인왕상(仁王像)이 대문 좌우에 서 있다. 인왕은 본래 인도에서 문을 지키는 토속신이었으나 불교로 수용되며 사찰의 문이나 불상을 지키는 불법 수호신이 되었다. 별칭으로 금강역사(金剛力士) 또는 이왕(二王)이라고도 한다. 우리나라 사찰에서는 인왕상이 서 있는 문을 주로 금강문이라 하는 데 반하여, 일본 절들은 주로 인왕문이라고 쓴다.

문 안으로 들어서서 전면을 바라보면 여기저기 전각이 많이 보인 다. 일본의 절 중에는 '몬세키(門跡)'란 이름이 붙은 사찰이 있다. 이런 사찰은 황족이나 귀족이 출가하여 개창한 후 후손이 자자손손 주지를 맡는데, 닌나지가 대표적인 몬세키 사찰이다. 헤이안 시대 초기인 886년 제58대 천황 고코(光孝, 830~887)는 국가의 안위를 위하여 황실 사찰을 세우도록 했는데, 888년에 아들인 우다 천황(宇多, 867~931)에 의해서 완성되었다. 절 이름 닌나지는 당시 연호에서 따왔다. 이후 닌나지는 황실 자손들이 대대로 주지직을 이어왔다.

닌나지 또한 여러 번 화재를 당했다. 가장 큰 화재는 오닌의 난 때 일어났다. 당시 닌나지는 서군의 사령부였다. 이런 곳을 서군에 비해 세력이 강했던 동군이 그냥 놔뒀을 리 없다. 급습해 전각 전체를 불태워 버렸다. 닌나지가 다시 지어진 것은 17세기 중반이었다. 에도 막부 제3대 쇼군 도쿠가와 이에미쓰가 당시 천황이 살던 어소를 재정비하며 어소에 있던 건물 3채를 닌나지로 이전하여 규모 있게 재건했다.

닌나지 관람은 진입로 좌측에 있는 일본 무사의 투구를 닮은 지붕이 있는 전각부터 시작된다. 무사의 투구처럼 생긴 지붕은 당나라의 영향을 받은 것으로 '당파풍(唐破風, 가라하후)'이라 한다. 에도 시대에 크게 유행한 건축 양식이다. 이 건물로 들어가면 회랑을 통해서 시로쇼인(白書院), 구로쇼인(黒書院)을 지나 신덴(宸殿)까지 관람할 수

닌나지 오중탑

닌나지의 정문인 니오몬과 정원

있다. 신덴을 '신을 모시는 곳'으로 생각할 수 있지만, 닌나지의 신덴은 신을 모신 공간이 아니다. 한자를 잘 살펴야 한다. 한자 '宸(신)'이 대궐을 뜻한다. 몬세키 사찰답게 닌나지에는 절 안에 궁궐을 상징하는 전각인 신덴이 있다. 신덴 바로 앞뜰에는 좌우에 매화나무와 귤나무가 자라고 있다. 이러한 나무 배치를 '좌앵우귤(左櫻右橘)'이라 한다. 일본 황실과 밀접한 연관이 있는 헤이안 진구나 어소, 가쓰라 이궁에도 주 건물 앞에 이런 형태로 매화나무와 귤나무가 심어져 있다. 일본 황실 건물임을 나타내는 표상이라고 한다.

닌나지 역시 정원이 잘 가꿔져 있다. 특히 닌나지 정원에서는 교토의 그 어느 정원보다도 다양한 형식의 정원을 한자리에서 감상할 수 있다. 가레산스이식 정원, 연못을 끼고 산책할 수 있게 만들어 놓은 치센카이유식 정원, 차경의 진한 의미를 느낄 수 있는 차경식 정원도 이곳에서 그 정확한 의미를 이해하며 눈에 넣을 수 있다. 구로쇼인 툇마루에 서면 치센카이유식 정원이 잘 보인다. 그런데 이 정원을 더 돋보이게 하는 것은 멀리 나무들 사이로 아스라이 솟아 있는 오중탑이다. 먼 곳에 있는 오중탑을 차경으로 끌어들여 액자 속의 그림을 감상하게 하는 것처럼 차경식 정원을 완성했다. 단풍 물든 가을날에 구로쇼인 기둥에 기대어 바라보는 정원 풍치는 가히 환상적이다. 참고로 교토의 단풍은 11월 하순부터 12월 초순에 만산홍엽을 이룬다.

정원 감상을 충분히 했다면 이제 꽃 구경을 하러 가자. 전각 밖으로 나와 위로 조금 오르면 왼편으로 잘 가꾸어진 벚나무 200여 그루가 보인다. 어실 벚꽃이라는 뜻의 '오무로자쿠라(御室櫻)'로 닌나지에서 크게 신경 써서 관리하고 있는 나무들이다. 교토의 벚꽃은 대부분 3월 말에서 4월 초순에 개화 절정기를 맞이하나, 이 벚나무들은 꽃 피는 시기가 늦어 4월 중하순에 만개한다. 벚나무 군락지 우측에는 오중탑이 서 있다. 교토에서 대표적인 목탑을 대라면 교토역 서편에 있는 도지(東寺)의 오중탑과 닌나지 오중탑을 꼽을 수 있다. 절 내에는 이외에도 소장하고 있는 문화유산을 전시하는 레이호칸(靈宝館)을 비롯한 여러 전각이 있다.

교토는 어떻게 둘러볼 것이냐에 따라 동선이 달라진다. 그래서 여행의 목적이 가볍게 둘러보는 관광인지, 좀 더 촘촘하게 들여다보고자 하는 답사인지 잘 따져봐야 한다. 닌나지를 다 본 후에 가 볼 곳은 이에 따라 달라진다.

일반적인 관광인 경우 닌나지 삼문 앞 도로를 건너 남쪽으로 직진해 란덴 연선 오무로닌나지(御室仁和寺)역을 찾아가자. 닌나지 삼문에서 그리 멀지 않다. 여기서 교토 유일의 노면 전차를 타고 기타노하쿠바이초(北野白梅町)역으로 이동하자. 란덴(嵐電)은 도로 위로 놓인 철길을 달리는 게이후쿠전차(京福電車)의 애칭으로 교토의 역사와 함께 달려온 교토 유일의 노면 전차다. 기타노하쿠바이초에 내리면 히라노 신사와 기타노덴만구가 있다.

답사에 방점을 찍은 사람이라면, 닌나지 정문인 삼문 앞 정류장에서 서쪽에 있는 야마고에나카초(山越中町)로 가는 버스를 타자. 닌나지 앞에서

서쪽으로 가는 버스는 종점이 야마고에나카초이니 정류장에서 버스 노선도만 살피면 헷갈리지 않고 쉽게 탈 수 있다. 종점에서 내리면 구글 지도를 켜고 '히로사와노이케(廣澤池)'를 검색하자. 히로사와노이케를 바로 찍지는 못하지만 어느 쪽, 어느 정도 되는 거리에 있는지는 알 수 있다. 별로 멀지 않은 곳에 있어서 구글 지도를 길잡이 삼아 연못까지 갈 수 있다. 히로사와노이케까지 가서는 연못가로 뚫린 산책로를 따라 서쪽으로 쭉 걸어가자. 그러면 오늘 여정의 마지막 탐방 장소인 다이카쿠지가 나온다.

백제 왕들을 신으로 모시고 있는
히라노 신사

기타노하쿠바이초역에 내리면 10분 정도 걸어 히라노 신사(平野神社)를 찾아가자. 우리의 먼 조상, 특히 백제 사람들과 인연이 깊은 곳으로 교토로 수도를 옮긴 제50대 천황 간무가 세웠다.

신사 내에는 4개의 신전이 처마를 맞대고 나란히 서 있다. 제1신전에는 백제에서 건너온 신인 이마키신(今木神)을 모신다. 속설에 백제 성왕이라고 한다. 이마키의 '今木'은 '今來'로도 쓰는데, 발음은 둘 다 이마키이다. 고대 일본에서는 백제에서 온 기술자를 '지금 온 재주꾼'이라 하여 이마키노데히토(今來の才伎)라 불렀다. 현재 나라현 아스카 일대를 고대에 이마키군이라 했는데 5세기 후반 무렵에 백제에서 건너온 도래인들이 다수 살았다. 이곳에 이마키신을 도래신으로 모신 신사가 있는데, 그 신을 히라노 신사에 분양받아 왔다. 제2신전에는 백제 성왕의 선조인 구도왕을 부엌의 수호신으로 모셔 놨다. 제3신전은 화재를 진압하는 후루아키신(古開神)을 모시고 있는데, 백제 비류왕과 근초고왕의 혼령이다. 제4신전의 히메신(比賣神)은 간무 천황의 어머니 다카노노 니가사(高野新笠)가 죽은 후 그녀의 신체를 신으로 모셨다. 니가사의 아버지는 백제계 도래인으로 무령왕의 후손으로 알려져 있다. 이런 이유 때문에 현 나루히토(德仁, 1960~) 천황의 아버지인 아키히토(明仁, 1933~) 전임 천황이 천황가

히라노 신사

의 선조를 백제계라고 한 것이다.

히라노 신사는 이처럼 천황가의 선조를 모신 곳이기에 역대 천황이 빈번히 찾아왔고, 제65대 천황 가잔(花山, 968~1008)은 벚나무를 가득 심어 벚꽃 명소로 자리 잡게 했다. 현재 신사 정원에는 50여 종에 달하는 벚나무 500여 그루가 자라고 있다. 벚꽃이 만개하면 신사 전역이 벚꽃 천지가 된다.

학문의 신을 모신
기타노 덴만구

히라노 신사 입구에서 동쪽으로 조금만 걸어가면 기타노 덴만구(北野天滿宮)가 나온다. 이 신사 또한 연륜 깊은 신사로 헤이안 시대인 947년에 세워졌다. 신전에는 학문의 신으로 추앙받는 스가와라노 미치자네(菅原道眞, 845~903)를 모셨다. 일본 전역에 덴만구라 이름 붙은 신사가 약 1,200개 정도 되는데, 모두 스가와라노를 신으로 모시고 있다. 이 신사들 중 가장 유명한 곳이 교토의 기타노 덴만구와 규슈의 다자이후(太宰府)에 있는 다자이후 덴만구이다.

스가와라노 미치자네는 헤이안 시대의 대표적인 학자였다. 우대신을 지냈지만, 2인자인 좌대신과의 갈등 속에 모함을 받아 규슈 다자이후의 관리로 좌천되었고 아들 넷도 모두 유배를 떠나야 했다.

집안이 풍비박산 난 것이다. 수도 교토에서 천황의 신임 속에 정치적 역량을 펼치던 고위 관리가 하루아침에 지방 관청으로 좌천되었으니 그 기분이 어떠했겠는가? 스가와라노는 다자이후에서 실의에 빠져 하루하루를 살다가 교토로 돌아오지 못하고 쓸쓸히 생을 마감했다.

스가와라노가 죽은 이후 교토에서는 난리가 났다. 스가와라노를 모함했던 관리가 갑자기 죽었다. 또한 대를 이어야 할 태자가 스물한 살의 젊은 나이로 급사했다. 변고가 잇따르자 스가와라노의 원령이 해코지를 한다는 소문이 나돌았다. 제60대 천황 다이고(醍醐, 885~930)는 부랴부랴 죽은 스가와라노를 원래의 직책인 우대신으로 발령 내고 유배지에 있던 아들들도 교토로 불러들여 우대하는 등 영혼 달래기에 나섰다. 하지만 대신들이 모여 회의를 하고 있던 세이료덴(淸涼殿)에 벼락이 떨어져 사상자가 발생했다. 낙뢰 사고가 있은 지 3개월 후에 다이고 천황도 갑자기 세상을 떠났다. 당시 교토에서는 하나같이 스가와라노의 혼령이 천황을 데려갔다고 믿었다. 고대부터 일본 사람들은 원령의 저주에 매우 민감해서 이런 일이 벌어지면 저주를 내리는 원령을 신으로 모셔 제를 지내며 저주가 멈추기를 기원했다. 교토 사람들은 스가와라노의 영혼을 달래 주기 위해 신으로 추대하고 급히 신사를 지어 모셨다. 기타노 덴만구가 지어진 배경이다.

처음에는 스가와라노의 원령을 '뇌신(雷神)', 즉 벼락의 신으로 모셨다. 낙뢰 사건의 영향이었다. 이후 일본 각지에서는 천재지변이 발생하면 스가와라노의 저주로 여겨 두려워했고, '천신님(天神様)'으로 추앙하며 신사를 지어 원혼을 달랬다. 그런데 시간이 흐르며 일본 사람들은 스가와라노를 학문의 신으로 모셨다.

덴만구 경내에는 곳곳에 소 조각상이 설치되어 있다. 이 소는 신이 된 스가와라노 미치자네의 심부름꾼이자 덴만구를 지키는 수호 동물이다. 스가와라노의 유해를 교토로 옮기던 중 현재 다자이후 덴만구가 들어선 지점에서 소가 더 이상 움직이지 않았다. 사람들은 이를 스가와라노가 본인의 무덤 자리를 점지한 것으로 받아들여 소가 멈춘 장소에 무덤을 썼다. 이후 소는 스가와라노 미치자네의 상징 동물이자 전령사가 되어 전국 어디를 가더라도 덴만구에는 소 조각상이 하나 이상은 있다. 덴만구의 소는 어디에 있든 머리 부분이 유난히 빛난다. 왜 그럴까? 학문의 신을 모시는 전령사 소의 기운을 받아 합격의 영예를 누리거나 공부를 조금이라도 더 잘하고 싶어 기원하러 온 사람들이 자주 만졌기 때문이다.

한편, 기타노 덴만구 경내에는 사람들이 기증한 그림들을 모아 놓은 전각 에마소(繪馬所)가 별도로 있다. 전각 안에 말을 그린 대형 액자 그림 '에마(繪馬)'가 걸려 있다. 지금은 에마가 작은 나무판처럼 생겼지만, 예전에는 말이 그려진 대형 액자 그림이었다. 에마를 우리말로 바꾸면 '말 그림'인데, 일본 사람들은 예로부터 신사에 말이 그려진 액자를 기증했고, 이 풍속은 오늘날에도 꾸준히 이어지고 있다.

입시철이 되면 어느 신사에 가더라도 합격을 기원하는 에마 수백 개가 곳곳에 걸려 있는 풍경을 쉽게 접할 수 있다.

일본 3대 마쓰리 중 하나인 오사카의 덴진 마쓰리(天神祭)도 스가와라노와 연관이 있다. 매년 7월 24일부터 25일까지 열리는 덴진 마쓰리는 949년 오사카 덴만구를 건립하며 스가와라노의 혼령을 위로하기 위해 시작해 지금까지 이어지고 있다.

기타노 덴만구는 히라노 신사에서 출발하면 후문인 북문으로 들어서게 된다. 하지만 신사치고는 상당히 넓고 볼 것도 생각할 것도 많으니 조금 돌더라도 정문으로 들어가자. 남쪽에 있는 정문 도리이를 통과하여 정원으로 들어서면 우측에 당파풍 양식의 출입구가 있는 호모츠덴(宝物殿)이 있다. 1927년에 일본식과 서양식을 적절히 배합하여 지은 전각으로 평소에는 개방하지 않지만, 스가와라노가 애용했다는 벼루를 비롯한 신사 내 보물을 보관하고 있다. 호모츠덴을 관람하고 싶다면 1월 1일과 매월 25일 그리고 매화가 피는 철이나 단풍철에 가면 된다. 이때만 한시적으로 특별 개방하고 있다.

참배로를 따라 좀 더 들어가면 중문이 보인다. 산코몬(三光門)이다. 세 가지 빛나는 것을 가지고 있는 문이라 해서 무얼까 궁금해 하며 살폈더니, 문에 새겨진 조각 중에 해와 달과 별이 보인다. 가로로 길게 걸린 덴만구 현판은 제111대 천황 고사이(後西, 1638~1685)의 친필이라고 한다. 국보로 지정된 혼덴(본전)은 1607년 도요토미 가문의 2대 실력자 히데요리의 발원으로 지어졌다. 도요토미 가문이

기타노 덴만구의 소 조각상
기타노 덴만구 혼덴

집권하던 시절의 건물답게 화려무쌍하다. 오다 노부나가에서 도요토미 히데요리로 이어지는 시기를 모모야마 시대라고 하는데, 이때의 문화는 화려함이 특징이다.

기타노 덴만구는 매화로 유명한 신사이기도 하다. 교토의 관광 명소가 벚꽃이나 단풍으로 한몫 단단히 하지만, 기타노 덴만구는 벚꽃보다 매화 정원이 유명세를 떨치고 있다. 2월 하순경에 가면 2천여 그루의 매화나무에 핀 홍매화를 볼 수 있다.

히가시몬(東門)으로 나가면 게이코와 마이코가 집단 거주하는 하나마치인 '가미시치켄(上七軒)'이다. 교토에 있는 5곳의 하나마치 중 가미시치켄만 동떨어져 덴만구 동쪽에 자리 잡고 있다. 무로마치 막부 시대에 기타노 덴만구를 재건하고 남은 건축 자재를 이용하여 히가시몬 밖에 7개의 오차야(お茶屋)를 세워 영업을 시작한 데서 유래된 하나마치이다. 연대로만 따지면 기온의 하나마치보다 역사가 더 깊다고 한다. 기온처럼 붐비지 않고 언제 가도 한적해서 하나마치의 풍경을 제대로 엿볼 수 있다.

덴만구 일대에서 이색적인 음식을 접하고 싶다면 기타노 덴만구 정문 입구 도리이 앞에서 신호등이 있는 큰 도로를 건너 온마에도리(御前通)를 따라 조금만 내려가자. 오른쪽에 교토 특유의 상가 건물인 교마치야에 노렌을 걸어둔 식당이 하나 보인다. 특색 있는 우동집 타와라야(たわらや)다. 에도 시대에 유행하던 우동으로 어린아이 손가락 굵기 정도의 굵직한 면발 두 줄이 맑은 국물에 담겨 나온다. 그야

말로 더도 덜도 아니고 딱 두 줄이다. 배고팠던 시절에 타와라야 우동으로 배를 든든하게 하기 위해 일부러 면발을 길고 굵게 뺐다고 한다. 한 줄 길이가 약 60센티미터로 면을 먹을 때 끊지 않고 단번에 입안에 넣으면 장수한다는 믿거나 말거나 한 이야기가 전해 오고 있다. 현지인에게도 인기 있는 식당이라 줄을 설 각오는 다지고 가야 한다. 점심 위주로 영업하고 있어서 오전 11시에 문을 열고 오후 4시면 문을 닫는다. 합격 기원을 간절히 원하는 사람들이 빈번히 찾는 신사 앞의 식당답게 우동 이외에도 합격이란 글씨를 넣은 디저트도 단품으로 팔고 있다.

신라계 도래인이 만든 연못
히로사와노이케

야마고에나카초 버스 정류장에서 내려 히로사와노이케(広沢池) 방면으로 방향을 정하고 주택가를 빠져나오면 넓은 들판이 보인다. 북쪽으로 멀리 산들이 빙 둘러 있고 그 산자락 아래에 들과 호수가 있어 마치 우리나라 농촌 들녘에 온 것 같다.

　교토 서북쪽 지대에 자리 잡은 이 너른 들판을 사가(嵯峨) 또는 사가노(嵯峨野)라 한다. 높은 산에 기대어 형성된 들판답게 교토가 수도가 된 헤이안 시대 초기부터 천황과 귀족들은 이 일대에서 사냥도 하

히로사와노이케
다이카쿠지

고 유흥도 즐겼다. 또한 은퇴 후에 안분지족의 삶을 즐길 별장도 다수 지었다.

이 들판 역시 8세기경 신라 땅에서 건너간 도래인인 하타씨 일족이 정착하며 개척한 땅이다. 일본의 고대 역사를 기록한 역사서인 『일본 서기』에 이런 내용이 적혀 있다. 776년의 기록이다.

가도노군(葛野郡)에 사는 하타노 이미키(秦忌寸) 등 97명에게 아사하라노 이미키(朝原忌寸)라는 성씨를 부여했다.

가도노군은 사가 들판 일대의 옛 지명이며, 히로사와노이케 뒷산이 아사하라산(朝原山)이다. 또한 히로사와노이케 주위로 6세기 말에서 7세기 전반에 만들어진 고분이 약 30기 분포하고 있고, 이 고분들에서 신라와 연관성이 깊은 유물들이 발굴되고 있다. 이러한 사실들을 조합해서 해석하면 신라계 도래인이 이 지역을 개척하여 농경지대로 만들었고, 가뭄에도 걱정 없이 농사를 짓기 위해 히로사와노이케를 조성했다고 추정할 수 있다. 물론 이 추론을 단정 지어 사실이라고 말하기는 힘들다. 하지만 교토 지방사를 연구하는 향토 사학자들의 주장이니 그냥 흘려 넘길 수는 없다. 다만 또 다른 설에 의하면, 헤이안 중기 시대에 연못의 북쪽에 있는 헨조지산(遍照寺山)의 산록에 헨조지(遍照寺)가 있었고 그 절의 연못으로 히로사와노이케를 조성했다고 한다. 어느 것이 정설인지는 더 두고 보아야 한다.

또 하나의 몬세키 사찰
다이카쿠지

다이카쿠지(大覚寺)는 닌나지와 마찬가지로 몬세키 사찰이다. 그래서 그런지 입구에 '구차아어소대각사문적(旧嵯峨御所大覚寺門跡)'이란 큼지막한 표지석이 서 있다. 이처럼 다이카쿠지가 유난스러울 정도로 황실과의 인연을 강조하는 이유는 이곳이 본래 제52대 사가 천황(嵯峨, 786~842)의 별궁이었기 때문이다.

사가 천황은 간무 천황의 둘째 아들로 천황이었던 형이 죽자 뒤를 이어 천황 자리에 올랐다. 아버지 간무가 수도를 교토로 이전한 지 15년이 지난 809년의 일이었다. 황위에 오른 초기에는 귀족들을 장악하지 못해 고전했다. 하지만 이내 탁월한 정치력을 발휘해서 준동하는 귀족들을 제압하고 나라를 안정적으로 이끌며 제도 개혁에 나섰다. 사가 천황은 다방면으로 출중해 정치면 정치, 예술이면 예술 여러 방면에서 재능을 발휘했다. 또한 노는 데도 일가견이 있어서 보름달이 뜬 달밤에는 어소 앞에 있는 연못에서 뱃놀이를 즐겼다. 지금도 다이카쿠지 바로 옆에 있는 오사와노이케(大沢池)에서는 매년 음력 8월 15일 밤에 '관월의 저녁(觀月の夕べ)'이란 뱃놀이가 열린다. 또한 국화가 만개하는 가을에는 경내 곳곳에 잘 가꾸어진 국화 화분이 놓여 있고 평상시에도 아름다운 꽃꽂이 장식을 볼 수 있다. 이 또한 사가 천황 때문에 생긴 전통이다. 그는 국화를 사랑해 뜰에 있는 국

화를 꺾어 실내에 두고 지인들과 이를 감상하며 시를 짓곤 했다. 이 것이 일본 꽃꽂이의 기원인 사가고류(嵯峨御流)로 지금도 꽃꽂이 모 임이 열리며 전통을 이어가고 있다.

사가 천황이 지은 별궁인 사가 어소는 오사와노이케 북쪽 지대에 있었다. 지금은 '나코소의 다키(名古會の瀧)'라 이름 붙여진 작은 물줄 기만 옛 영화를 추억하며 흔적으로 남아 있다. 어소를 짓고 정원을 조 성한 건축가는 구다라노 가와나(百濟河成, 782~853)로 백제계 도래인 이었다. 어소 이름을 '사가인(嵯峨園)'이라 했는데, 이렇게 명명한 이 유는 사가 천황이 중국 당나라 문화에 흠뻑 빠져 있어서 당의 수도 장 안성 북쪽에 있는 차아산(嵯峨山)에서 이름을 빌려 왔기 때문이다. 또 한 어소 앞에 큰 연못을 만든 이유는 중국에 있는 둥팅호(洞庭湖)를 동경했기 때문이다. 이러한 궁궐, 사가 어소가 절로 바뀌게 된 것은 876년이었다. 뒤이어 황위에 오른 준나 천황(淳和, 786~840)의 부인 이 된 사가의 딸이 둘째 아들을 주지로 하여 몬세키 사찰로 개창했다.

다이카쿠지는 일본 중세 역사에서 중대 사건과 결부된 역사의 현장이기도 하다. 가마쿠라 막부에서 무로마치 막부로 넘어가던 과 도기에 두 명의 천황이 존재하는 남북조 시대가 있었다. 다이카쿠지 는 이 시대와 인연이 깊다. 무사들이 권력을 잡기 전에는 일본 천황 도 우리나라의 역대 왕들처럼 국가의 일을 한 손에 거머쥐고 좌지우 지하는 최고 권력자였다. 하지만 무사들이 권력을 쥔 가마쿠라 막부 가 등장하면서 정치적 실권은 쇼군에게 넘어갔다. 천황은 뒷전으로 물러나 쇼군이 하는 일을 형식적으로 승인만 해 주는 허수아비에 불과했다. 이를 잘 보여 주는 사례가 막부 시절의 천황 승계였다.

천황이 죽고 다음 천황을 옹립하는 데 천황가의 뜻이 반영될 것 같지만 전혀 그렇지 않았다. 전적으로 쇼군의 뜻에 달려 있었다. 쇼군은 황실 자손 가운데서 차기 천황을 옹립했다. 그런데 이 과정에서 황족들이 서로 자기 혈족을 황위에 올리기 위해 고위 관료들과 합종연횡하며 정국을 어지럽혔다. 먼먼 옛날부터 단일 혈통으로 이어지며 엄청나게 방대했던 천황가는 여러 개의 파벌로 갈라져 있었으니 불 보듯 뻔한 일이었다. 가마쿠라 막부는 천황 옹립을 무리 없이 하기 위하여 다이카쿠지를 맥으로 하는 황실 혈통과 지묘인(持明院)을 거점으로 맥이 이어지는 혈통이 번갈아가며 천황 자리를 잇게 했다. 각 파벌 간의 분쟁을 최소화하기 위해 다이카쿠지파와 지묘인파에서만 천황이 나오도록 규정을 만든 것이다.

제도는 정착되어 몇 대를 잘 이었다. 그러나 1318년에 다이카쿠지파의 몫으로 즉위한 고다이고(後醍醐, 1288~1339) 천황이 문제를 일으켰다. 그는 서른한 살에 천황 자리에 오르며 힘이 약해지는 가마쿠라 막부를 끝장내고 천황의 권위를 끌어올리려 했다. 막부 측에서 가만히 두고 볼 리 없었다. 고다이고를 하야시켜 먼 곳에 있는 섬으로 유배를 보냈지만, 고다이고는 굴하지 않았다. 교토의 지지 세력과 내통하며 어떻게 해서든지 가마쿠라 막부를 끝장내려 했다. 결과는? 1333년, 훗날 무로마치 막부를 세우는 아시카가 다카우지의 도움을 받아 가마쿠라 막부를 멸망시키고 소원대로 직접 정치를 시행했다. 하지만 친정을 펼쳤던 시기는 짧았다. 1336년에 아시카가 다카우지와 사이가 벌어지며 폐위당하고 말았다. 아시카가 다카우지는 지묘인 계통의 고묘(光明, 1322~1380)를 새 천황으로 추대함과 동시에 정식으로 쇼군 자리에 올랐다. 이른바 무로마치 막부의 탄생이었다.

무사들에게 다시 정권을 내주게 된 고다이고는 천황임을 증명하는 삼종신기(三種神器), 즉 청동거울(야타노카가미八尺鏡)과 청동검(구사나기노쓰루기草薙劍) 그리고 굽은 옥(야사카니노마가타마八坂瓊曲玉)을 가지고 교토 남쪽 요시노(吉野)로 도망쳤다. 그리고 자신이 유일한 정통 천황이라고 주장하며 남조 정부를 세웠다. 고다이고는 살아생전 북조를 치기 위해 갖은 노력을 다했지만 뜻을 이루지 못하고 요시노 정착 3년 만인 1339년 쉰두 살의 나이로 세상을 떠났다. 얼마나 뼈에 사무쳤던지 죽으면서 남긴 유언도 "내 뼈는 요시노의 이끼에 묻혀도 혼백은 언제나 북쪽 궁궐을 향하겠다"였다.

남북조 시대는 60년간 이어지다가 1392년 '남조의 천황이 북조의 천황에게 자리를 양보하는 대신, 태자는 남조의 혈통이 잇는다'는 약조 속에 삼종신기를 넘겨주고 남조 천황이 퇴위함으로써 끝났다. 이 약정을 맺은 회담이 바로 다이카쿠지에서 열렸다. 일본 중세 역사에서 몬세키 사찰 다이카쿠지가 차지하고 있던 위상을 알려주는 사례라 할 수 있다. 하지만 이런 다이카쿠지 또한 오닌의 난은 비켜가지 못했다. 1468년 다이카쿠지는 완전히 소실되었고 도쿠가와 이에야쓰가 집권하던 에도 막부 초기에 재건되었다.

다이카쿠지는 대부분의 건물이 회랑으로 연결되어서 비가 올 때 가더라도 우산 없이 관람이 가능하다. 정문인 오모테몬(表門)을 통해 다이카쿠지 경내로 들어서면 신덴(宸殿)으로 들어간다. 닌나지에도 신덴이 있듯이 다이카쿠지에도 있다. 신덴의 '宸'이 대궐을 뜻하는 한자다. 따라서 '신덴'이란 명칭은 불교 사찰의 전각 이름으로는 맞지 않는다. 하지만 이 건물이 절 내에 있다는 것은 황실과 밀접한 인연을 가진 몬세키 사찰임을 은연중에 증명해 준다.

신덴 앞에는 좌측에 홍매화가 우측에는 귤나무가 있다. 황실 건물임을 상징하는 '좌앵우귤'로, 좌측에 벚꽃을 심는 것이 일반적이나 다이카쿠지 신덴에는 홍매화가 있다. 사실 규정대로 한다면 다이카쿠지 정원의 매화나무가 황실의 상징으로서 더 타당하다. 본래 '좌앵'은 벚나무가 아니라 매화나무라고 한다. 그런데 메이지 시대에 국풍 문화가 번지며 매화 대신 일본을 상징하는 벚나무로 교체되었다. 그렇다면 다이카쿠지는 왜 매화를 심었을까? 다이카쿠지를 조성한 사가 천황이 중국 당나라 문화에 심취했기 때문에 벚꽃이 아닌 매화나무를 심었다고 한다.

신덴 정원은 일본 정원답지 않게 의외로 심플하다. 바닥에 깔린 자갈돌만 아니라면 우리나라 남도 땅 한옥집의 마당 같다. 정원 가운데 있는 돌무대는 연회 시 공연장이다.

신덴은 회랑을 통해 침실인 쇼우신덴(正寝殿), 절과 인연이 깊은 천황들의 초상화를 모신 고레이덴(御靈殿), 본전 건물인 고다이도(五大堂)와 이어진다. 나무 기둥들이 촘촘하고 길게 쭉 이어져 있어 특별히 '무라세메(村雨)의 회랑'이라 한다. '시골 마을에 내리는 비의 회랑'이란 뜻으로 해석할 수 있겠다. 지붕을 이고 있는 줄지어 선 나무 기둥을 빗줄기에 빗댄 작명이다. 천장 높이를 다소 낮게 하고 나무 기둥을 촘촘하게 세운 이유는 이곳에서 무사들이 창칼로 싸우는 것을 방지하기 위해서였다.

사찰의 본전, 우리 절이라면 대웅전에 해당하는 고다이도는 특이하게도 오대명왕(五大明王)을 모시고 있다. 명왕은 밀교 계통에서 모시는 불상으로 구제하기 어려운 중생 교화를 위해 여래나 보살이 험악한 악마 형상으로 변신한 불교 신상(神像)이다. 다이카쿠지가 진언종 대본산인데, 진언종이 밀교 계통 불교 종파이기에 본전 안에 명왕상을 모시고 있는 것 같다. 본래는 헤이안 시대에 만들어진 명왕상이 본전에 있었다. 그러나 귀중한 문화유산이어서 현재는 절의 보물을 보관하고 있는 수장고에 보존하고 있으며, 본전 명왕상은 최근에 만든 불상이다.

오늘은 교토 남쪽을 답사한다.

이 일대는 풍광이 아름다워 헤이안 시대 이후 지금까지

줄곧 유람 명소로 이름을 날리고 있다.

 한편, 아라시야마 일대는 우리 민족과도 인연이 깊은

땅이다. 교토가 도읍이 되기 이전인 5세기 후반 무렵에 신라

땅에서 건너간 도래인 하타씨 일족이 터를 일구었던 곳이다.

하타 세력이 처음 이 땅을 찾았을 무렵, 아라시야마 일대는

가도노(葛野)라 불렸는데 '葛'이 메마르다는 뜻을 가진 한자이니

황무지였음을 짐작할 수 있다.

이런 곳에 터전을 잡은 하타 일족은

신라에서 터득해 간 토목 기술을 활용하여

가쓰라강에 제방을 쌓고 보를 만들어

농사짓기 좋은 옥토로 바꾸며 번성했다.

Day

가쓰라강을 따라서

① 덴류지
② 노노미야 신사
③ 조잣코지
④ 오코치 산장
⑤ 저우언라이 시비
⑥ 호곤인
⑦ 도게쓰교
⑧ 도롯코 열차
⑨ 호린지
⑩ 마쓰오타이샤
⑪ 고류지
⑫ 도에이 우즈마사 영화 마을
⑬ 헤비즈카 고분
⑭ 누에 신사

일본 국가 사적 제1호 정원이 있는
덴류지

아라시야마 산자락에 기대 흐르는 가쓰라강 동쪽 평탄한 지대에 사찰이 하나 있다. 덴류지(天龍寺)다. 외관만 보면 그저 그런 절이다. 기요미즈데라처럼 내려다보는 경관이 아름다운 것도, 금각사처럼 전각이 유명한 것도 아니다. 그럼에도 교토 이야기를 하면서 덴류지를 빼놓는다면, 이는 덴류지에 대한 예의가 아니다. 유네스코 세계문화유산으로 등재되어 있다는 사실만으로도 이름값을 하지만, 그보다 더 특출난 점은 경내에 있는 정원이 일본 국가 사적·특별명승지 제1호라는 것이다.

아라시야마 일대는 사시사철 경관이 뛰어나서 헤이안 시대 이후 황실과 귀족들의 별장 지대로 명성을 떨쳤다. 특히 현재 덴류지가 들어선 땅은 아라시야마를 느긋하게 바라볼 수 있는 명소였기에 다른 곳보다 먼저 황실에서 차지했다. 헤이안 시대 초기인 9세기 전반에 사가 천황의 비 다치바나노 가치코(橘嘉智子, 786~850)가 단린지(檀林寺)를 세웠으며, 13세기 중반 가마쿠라 막부 시절에는 고사가 천황(後嵯峨, 1220~1272)이 별궁을 지었다. 그리고 그의 아들 가메야마 천황은 어린 시절을 보낸 아라시야마에 가메야마도노(龜山殿)를 짓고 머물렀다. 이 가메야마도노가 덴류지의 전신이다.

덴류지를 창건한 건 무로마치 막부의 초대 쇼군 아시카가 다카우지다. 1393년 자신이 폐위시킨 고다이고 천황이 죽자 그의 원령이 저주를 내릴까 봐 두려운 나머지 당대 최고의 승려로 존경받던 무소 소세키 국사를 불러 가메야마도노를 절로 개조했다. 물론 다른 설도 있다. 무소 소세키 국사가 국론 분열을 통합하기 위하여 아시카가 다카우지에게 먼저 사찰 창건을 제안했다는 것이다. 정설이 무엇이든 덴류지는 당시 쇼군 아시카가 다카우지의 적극적인 후원에 힘입어 당대 최고의 승려 무소 소세키 국사가 세웠다. 처음에는 랴쿠오지(曆応寺)라 했는데, '랴쿠오(曆応)'는 당시 북조 천황의 연호였다. 그런데 엔랴쿠지 승려들이 새 절 이름에 연호를 사용해서는 안 된다며 들고 일어났다. 엔랴쿠지도 천황의 연호를 하사받아 지어진 절 이름이지만, 신생 절에 연호를 부여하는 것이 엔랴쿠지 입장에서는 심히 못마땅했다. 엔랴쿠지 승병은 무사 정권인 막부도 함부로 하지 못할 정도로 힘이 막강하던 시절이었다. 결국 랴쿠오지는 덴류지로 이름을 바꾸었다. 관광명소 아라시야마 지역의 명찰 덴류지의 탄생이었다.

아시카가 다카우지는 덴류지를 거대한 선종 사찰로 만들고자 했다. 문제는 자금이었다. 선종 7당 체제를 제대로 갖춘 대형 사찰을 세우려면 돈을 기하급수적으로 퍼부어야 했는데, 이 재원을 마련할 방법이 마땅치 않았다. 이때 무소 소세키 국사가 원나라에 무역선을 보내 전각 건립 자금을 마련하자고 했다. 당시 중국과의 무역은 막대한 이익을 남길 수 있는 알짜배기 사업이었다. 중국에서 사온 비단은 20배, 도자기나 서화는 5~10배 정도의 이익이 났다. 1342년 덴류지에서 보낸 중국 무역선이 원나라를 다녀왔다. 당연히 큰 수익이 났고, 덴류지는 대규모 불사를 벌일 수 있었다. 이후 덴류지는 막부의 기도 사찰이 되었으며, 천황은 무소 소세키 국사를 스승으로 받든다는 교지를 내리며 절의 위상을 한껏 높여 주었다.

한편, 덴류지는 1386년 교토 5산 체제에서 막부로부터 특상 대우를 받은 '상지상(上之上)'의 난젠지에 이어 제1위 선사로 인정받아 절의 위상을 한껏 높일 수 있었다. 하지만 덴류지도 화재의 위협으로부터는 피해 갈 수 없었다. 창건된 지 10년이 지난 1358년에 큰불이 난 이후 여러 번의 화재로 사세가 위축되었으며, 오닌의 난 때는 전각 전체가 불타 폐사 위기에 놓였다. 사세를 회복한 것은 도쿠가와 막부 시대에 쇼군들의 적극적인 후원 덕분이었다. 그러나 도쿠가와 막부 말기인 1864년에 또 한 번 대형 화재를 당했다. 막부 정권 타도를 외치며 교토에 진입한 조슈번 세력이 덴류지에 진을 치자 막부군이 인정사정 봐주지 않고 포를 쏴 댔다. 이 사건을 일본 역사에서는 '금문

의 변(禁門の変)' 혹은 '합어문의 변(蛤御門の変)'이라 한다. 이유는 천황이 살던 어소의 서쪽 중앙 문에서 조슈번 군사들과 막부군이 전투를 시작했기 때문이다. 이 문은 평소에는 항상 닫혀 있어 금문(禁門)이라 했는데, 1788년 1월 30일 교토에 큰 화재가 발생하며 문이 열렸다. 이후 별칭으로 불에 구우면 입을 벌리는 조개처럼 화재 때문에 문이 열렸다고 해서 조개 합(蛤)자를 써서 합어문, 즉 '하마구리고몬(蛤御門)'이라고도 했다. 교토교엔(京都御苑)에 있는 금문을 찾아가면 금문의 변 당시 양측 병사들이 쏜 총탄 흔적을 찾을 수 있다.

덴류지는 메이지 시절 폐불훼석으로 다시 한번 수난을 당했다. 절 소유 땅의 90퍼센트가 정부에 수용되며 전성기 시절에는 150곳이 넘었던 탑두 사원도 10여 곳으로 축소되었다. 덴류지가 지금의 사세를 유지할 수 있었던 것은 메이지 정부 시절 중창 불사를 통해 몇몇 전각을 재건했기 때문이다.

사찰의 역사로만 따지면 덴류지가 금각사나 닌나지와 같은 주변 절들에 한 수 접고 들어갈 수밖에 없다. 하지만 덴류지에는 다른 절에 없는 비장의 보물이 있다. 일본 정원의 원조인 소겐치(曹源池)다. 소겐치를 설계하고 조경한 이 역시 무소 소세키 국사였다. 그는 선종 승려답게 정원을 감상한다는 측면보다는 명상 장소로 생각하고 설계했다.

소겐치란 이름은 연못을 만들기 위해 땅을 팠더니 조원일적(曹源一滴), 즉 '모든 것의 원천은 한 방울의 물방울'이란 글자가 새겨진 돌

소겐치

비가 나온 데서 유래했다.

소겐치는 치센카이유식 정원으로 편하게 감상할 수 있도록 방장 앞뜰에 긴 의자를 놓았다. 이곳에 앉아 정원을 관조하면, 소겐치 역시 차경 기법이 적용된 정원임을 알 수 있다. 대체로 정원은 전각의 남쪽에 두는 것이 일반적이다. 그런데 덴류지의 정원은 특이하게도 대방장의 서쪽 편에 자리 잡고 있다. 서방정토를 상징한 것이다. 하지만 이는 불교사적 관점에서 꾸며진 이야기일 뿐이다. 정원사적 측면에서 살펴자면, 가메야마(亀山)와 아라시야마의 경치를 정원 안으로 끌어들여 차경하기 위한 방향 선택이었을 것이다.

소겐치 감상이 끝나면 서원(書院) 쪽으로 해서 오솔길을 따라 다호덴(多宝殿)으로 가자. 고다이고 천황의 초상화가 여러 천황의 위패와 함께 안치되어 있다. 여기까지 보면 덴류지 탐방이 끝난다.

북문을 통해 나가면 하늘 높은 줄 모르고 치솟은 대밭 치쿠린(竹林)이 나온다. 이곳 또한 아라시야마의 명소로 영화 〈게이샤의 추억〉에도 나오는 일본 내에서는 알아주는 드라마 촬영 장소이다. 검도할 때 쓰는 일본 죽도(竹刀)의 90퍼센트는 이곳 일대 지역인 사가의 대나무로 만든다고 한다. 북쪽으로 방향을 잡아 치쿠린을 천천히 걷자. 걷다가 사거리가 나오면 노노미야 신사로 방향을 잡아 나아가자. 다음 탐방지다.

인연을 맺어 주는 신을 모신
노노미야 신사

덴류지 북문으로 빠져나와 대나무 오솔길을 걷다 보면 작은 신사가 나온다. 노노미야 신사(野宮神社)다. 신사 내에는 본전 중앙에 일본 황실이 시조신으로 모시는 태양의 여신 아마테라스 오미카미(天照大神)를 모셔 놓았다. 좌우 전각에는 아이고(愛宕)와 마츠오(松尾) 신이 모셔져 있다.

노노미야 신사는 황실 시조신을 주신으로 모신 신사답게 다른 신사와는 격이 다르게 운영되었다. 역대 천황들은 미혼인 공주를 일본 신사들의 총본산이자 신도의 메카인 이세 진구(伊勢神宮)로 보내 조상신인 아마테라스 오미카미를 모시게 했다. 사이구(斎宮)로 봉해진 공주는 우선 궁궐인 어소 내에 있는 쇼사이인(初斎院)에서 1년 정도 수양한 후, 노노미야 신사로 옮겨 와 3년간 신녀로서 봉사하며 법도를 다진다. 그리고 나서 비로소 이세 진구로 들어갔다. 이때 치르는 의식을 '사이오군코(齊王群行)'라 했다. 노노미야 신사에서는 매년 10월 셋째주 일요일에 사이구로 선발된 소녀를 가마에 태우고 100여 명의 사람들이 호위하며 아라시야마 일대를 도는 축제를 열고 있다.

일반적으로 대부분의 신사는 신성구역 표시이자 출입문 역할을 하는 도리이를 돌기둥으로 세운다. 그런데 노노미야 신사는 특이하게도 나무껍질을 벗기지 않은 구로키(黑木)로 도리이를 만들었다. 초

구로키 도리이
소원을 들어준다는 거북돌

기 신사들은 돌이 아닌 나무로 도리이를 세웠기에 노노미야 신사의 구로키 도리이는 이 신사가 오래된 전통을 지닌 유서 깊은 신사임을 알 수 있게 해 준다.

신전에는 학문의 신, 인연의 신, 자식 점지 및 순산의 신, 재운과 예능의 신이 모셔져 있다. 이 중에서 인연을 맺어 주는 신의 인기가 높다. 한편, 신사 안에는 거북이 모양을 한 돌이 있는데, 이 돌에 소원을 빌면 1년 이내에 그 소원을 성취할 수 있다고 한다. 그러다 보니 신사에 오는 사람마다 돌을 만지며 소원을 빌고 있다. 거북돌 위쪽이 유난히 반질반질 빛나는 이유이다.

노노미야 신사는 일본 사람들에게는 고대문학 탐방지로 인기가 높은 신사이다. 일본 최초의 고전소설이자 걸작으로 꼽히는 『겐지모노가타리(源氏物語)』에 이 신사가 등장한다. 소설 속 주인공인 겐지(源氏)는 이미 결혼을 했지만 연상의 여인을 사랑했다. 서로 애틋하기 그지없었으나 여인은 이루지 못할 사랑임을 한탄하며 이세 진구로 떠날 것을 결심한다. 이때 두 사람이 마지막으로 만난 장소가 단풍이 진하게 물든 늦가을의 노노미야 신사였다. 이런 사연을 가지고 있기 때문에 노노미야 신사가 인연을 맺어 주는 신사로 널리 알려졌을지도 모르겠다.

조잣코지

가을 단풍이 매혹적인
조잣코지

노노미야 신사에서 서북쪽으로 방향을 잡아 싸목싸목 걸어가면 오구라산(小倉山) 자락에 자리 잡고 있는 절 조잣코지(常寂光寺)가 나온다. 조잣코지는 가을 단풍철이 아니라면 굳이 품을 들여 갈 필요는 없다. 하지만 교토가 단풍철에 접어드는 11월 하순부터 12월 초순경에 교토 여행을 하고 있다면, 아무리 시간이 없어도 꼭 가 볼 것을 권한다. 전각들 사이를 오르락내리락하며 즐기는 단풍이 교토 어느 관광지의 단풍보다 더 매혹적이다.

조잣코지는 작은 절이지만, 역사는 꽤 오래되었다. 1596년에 교토 시내에 있었던 혼코쿠지(本國寺)의 주지 닌신(日禛)이 은퇴 이후 수행처로 삼기 위해 지은 절이다. 본당은 도요토미 히데요시가 쌓은 후시미성이 폐성될 때 그 전각을 가져다 재건축한 것이며, 인왕문은 혼코쿠지의 남문을 옮겨 와 세웠다고 한다. 또한 본당 옆에 세워져 있는 다보탑은 1620년에 건립한 것으로 현재 국가 중요문화재로 지정되어 있다.

영화배우가 만든 멋진 정원
오코치 산장

조잣코지를 둘러보고 내려오는 길에는 유명 영화배우 오코치 덴지로(大河內傳次郎, 1898~1962)의 오코치 산장(大河內山莊)에 들러보자. 입장권이 비싸지만 정원 내 찻집의 말차와 다식 세트 무료 쿠폰이 포함된 것이니 여타 관광지에 비해 크게 차이가 나지는 않는다.

사극 배우로 유명했던 오코치 덴지로는 배우로 잘나가던 1931년에 이 일대의 땅 600평 정도를 사들여 죽을 때까지 30여 년 동안 정성껏 가꾸었다. 조잣코지도 그렇지만 오코치 산장 역시 사람들이 잘 찾지 않아 우람한 수목과 잘 가꾸어진 정원을 호젓하게 감상할 수 있다. 특히 '달 아래 정자'라는 뜻을 지닌 쓰키히테이(月下亭)를 교토 시내 전체가 한눈에 들어오는 장소에 지어 놓았다. 차경식 액자 정원이 이런 걸 말한다는 느낌이 확 들 정도로, 정자 기둥이 대형 액자처럼 짜여져 있어서 여기서 바라보는 시내 전망이 매우 좋다. 특히 단풍철에 가면 감탄사가 절로 나온다.

가메야마 공원의
저우언라이 시비

오코치 산장 입구에서 남쪽으로 방향을 잡아 내려오면 가쓰라 강변에 딱 붙어 공원이 조성되어 있다. 가메야마(亀山) 공원이다. 언덕이 거북이 등처럼 둥그렇게 생겨서 가메야마, 즉 거북산이라 했다. 이산을 가로질러 강변 쪽으로 내려오면 큰 바윗돌에 시가 새겨진 비석이 서 있다. 중국의 영원한 총리 저우언라이(周恩來, 1898~1976) 시비다. 저우언라이는 중국 공산당 창설 주역 중 한 명으로, 1949년 10월 중화인민공화국 건국 이후 죽을 때까지 무려 27년간 총리를 지낸 외유내강형 정치인이다.

저우언라이 시비가 교토의 가메야마 공원에 들어선 이유는 그가 고등학교를 졸업한 후 3년간 일본에서 유학 생활을 했기 때문이다. 유학생일 때 아라시야마를 다녀갔는데 벚꽃 활짝 핀 비 내리는 봄날의 정취에 반해 시를 한 수 지었다. 제목은 「비 오는 아라시야마에서 雨中嵐山」. 자연석을 잘 다듬은 비에 새겨 놨다.

> 빗속에 두 번째 아라시야마를 찾으니
> 양 언덕에 푸른 소나무, 그 사이로 벚나무 몇 그루 보이네
> 막다른 곳에 이르니 높은 산 하나 솟아 있고
> 맑은 샘물이 흘러나와 바위를 휘돌며 사람을 비추네

저우언라이 시비
호곤인

휘날리는 비, 안개는 자욱하건만

한줄기 햇살 구름을 뚫고 나와 아름답기가 이루 말할 수 없네

인간사 모든 진리는 구하려 하면 할수록 모호해지지만

그 가운데서도 우연히 한줄기 밝은 빛을 보니 아름다움이 더욱 실감 나네

1919년 4월 5일, 스물두 살 저우언라이가 아라시야마를 바라보며 읊은 시이다. 시비 뒷면에는 1978년 일본과 중국의 평화우호조약을 체결하며 중국의 위대한 실력자 저우언라이 총리가 아라시야마에 왔을 때 지은 시를 새긴다고 적혀 있다.

덴류지의 탑두 사원
호곤인

저우언라이 시비를 보고 도게쓰교 쪽으로 조금 내려오면 호곤인(宝厳院) 입구 안내판이 나온다. 호곤인은 덴류지의 탑두 사원으로 1461년 무로마치 시대에 창건된 사찰이다. 호곤인 역시 오닌의 난으로 불탔다가 1573년에 재건되어 오늘에 이르고 있다.

우리나라 절로 따지면 큰절에 딸린 암자에 불과한 작은 절이지만 단풍이 물드는 가을철이라면 들러 볼 만하다. 정원 한가운데에 사자를 닮은 돌이 있어 '사자후의 정원(獅子吼の庭園)'으로 불리는 차경식

정원이 예로부터 명불허전으로 소문나 있다. 평소에는 문을 열지 않으나 벚꽃 피는 봄철과 단풍 물드는 가을철에는 특별 개방한다. 봄보다는 가을, 특히 단풍 절정기인 11월 말에서 12월 초순경 야간에 가면 백라이트를 받으며 소슬한 바람에도 흔들리는 형형색색 단풍잎들을 눈에 가득 넣을 수 있다.

관광지 아라시야마의 중심지
도게쓰교

호곤인에서 나와 아래로 내려가면 동서로 길게 뻗은 도게쓰교(渡月橋)가 나온다. 가쓰라강을 가로질러 150미터 정도 길게 이어진 이 다리는 아라시야마의 대표적인 관광 명소이다. 헤이안 시대 초기에 서쪽 산중턱에 있는 호린지를 융성시킨 도쇼 스님(道昌, 798~875)이 처음 다리를 놓았다. 하지만 넘치는 강물에 여러 번 떠밀려 사라졌고, 현재 위치에 다리가 놓인 것은 17세기 초반으로 거상 스미노쿠라 료이(角倉了以, 1554~1614)에 의해서였다.

'도게쓰교'라는 이름은 제90대 천황 가메야마가 읊조린 시 한 수에서 유래했다. 가메야마는 아들에게 황위를 물려주고 아라시야마에 기거했는데, 야심한 밤에 다리 위로 지나가는 달을 보며 "어둠 하나 없는 밝은 달이 강을 건너가네(くまなき月の渡るに似る)"라고 읊조

렸다. 여기서 따온 이름이 도게쓰교, 우리말로 '달이 건너는 다리'라는 뜻이다.

도게쓰교를 건너가기 전에 교량 아래쪽 소나무가 휘영청 가지를 뻗고 있는 제방에서 다리를 보자. 사선으로 길게 뻗은 교량과 병풍처럼 펼쳐진 산이 운치가 있다. 이 산이 아라시야마다. 해발 381미터의 아담한 산이지만 험준한 산악지대인 북쪽 지대에서 호즈강(保津川) 계곡을 타고 내려온 물줄기가 이 산자락 아래에서 크게 넓어지며 가쓰라강이란 새 이름을 얻는다. 가쓰라강은 헤이안 시대부터 황족과 귀족들이 뱃놀이를 즐긴 곳이다.

도게쓰교 다리 양쪽에는 한자로 교량 이름이 쓰여 있다. 그런데 양쪽 기둥의 한자가 제각각이다. 한쪽은 '도게쓰교', 다른 쪽은 '오이가와(大堰川)'다. 왜 그럴까? 오이가와는 한자어 그대로 풀이하면 '크게 제방을 쌓은 강'이다. 아라시야마 일대 너른 벌판은 신라계 도래인인 하타씨 일족이 가쓰라강에 제방을 쌓아 옥토로 바꾼 개간지이다. 그래서 도게쓰교 주변을 오이가와라고도 했다.

아라시야마 일대는 교토에서 다섯 손가락 안에 들어가는 유명 관광지이다. 도게쓰교 주변으로 다양한 상점이 넓게 펼쳐져 있고, 란덴 아라시야마역에서는 족욕을 하며 잠시나마 피로를 풀 수 있다. 역 안이 여행자의 편안한 휴식을 테마로 한 복합문화 공간인데, 200엔에 온천수 족욕탕 에키노아시유(驛の足湯)를 이용할 수 있다.

도게쓰교

교토의 소문난 관광열차
도롯코 열차

교토에는 일본 내에서도 유명한 관광열차가 세 군데 있는데, 아라시야마에서는 도롯코 열차(トロッコ列車)를 타 볼 수 있다. 도롯코 사가역에서 출발해 가쓰라강의 상류 지대인 계곡 깊은 호즈 강변을 따라 도롯코 가메오카역까지 7.3킬로미터 구간을 왕복 운행하는 관광열차다. 평균 시속 25킬로미터로 운행해 거북이 열차라 할 수 있는데, 풍광이 아름다운 곳에서는 속도를 더 줄여서 운행하기에 느긋하게 호즈강 계곡 경치를 즐길 수 있다.

본래 도롯코 열차는 강 상류에 있는 광산에서 나오는 석탄을 실어 나르는 화물열차였다. 그런데 생산성 악화로 운행이 중단되었다가 1991년 관광 자원 활용 차원에서 복구되어 낭만적인 관광열차로 재탄생했다. 열차는 JR사가아라시야마역 옆에서 10미터 정도 떨어져 있는 도롯코 사가역에서 출발해 도롯코 아라시야마역, 도롯코 호즈쿄역을 거쳐 도롯코 가메오카역까지 겨울철을 제외하고 쉼 없이 운행하는데 왕복 50분쯤 걸린다.

선로 위를 달리는 열차는 총 5량으로 5호 객차 '더 리치'는 투명 천장에 창문이 없어서 선선한 바람과 따스한 햇살을 온몸으로 맞으며 바깥 풍경을 오롯이 즐길 수 있다. 승차권만 있으면 어느 역에서 타도 무방하지만 운행 거리가 짧기에 최장으로 갈 수 있는 도롯코 사가역에서 가메오카까지 왕복권을 끊어 다녀오는 게 좋다. 다만 가메오카역에서 내려 호즈강 선착장으로 이동해 뱃놀이를 즐기며 아라시야마로 되돌아오고 싶다면 편도로 끊어야 한다. 유람선을 타고 아라시야마로 되돌아올 수 있다. 유람선은 사공 셋이 직접 노를 젓는, 에도 시대에나 탔음 직한 쪽배다. 이 배를 타고 아라시야마 선착장까지 약 2시간에 걸쳐 16킬로미터 남짓한 협곡을 내려온다. 강물이 대체로 완만하게 흐르지만 급류가 흐르는 구간도 있어서 래프팅의 짜릿함을 어느 정도는 맛볼 수 있다.

도롯코 승차권은 간사이공항으로 들어갈 경우, 공항 제1터미널 안에 있는 JR 티켓 오피스에서 사전 구매가 가능하다. 단, 인기가 좋은 5호 객차 탑승권은 탑승 당일 역사 안에서만 판매한다. 만약 다른 곳에서 사전 구매를 했는데, 꼭 5호 객차를 타고 싶다면 탑승 당일에 역내 창구에서 탑승권을 교환하면 된다. 다만 현장 판매 탑승권이 빨리 매진되면 교환할 수 없다. 봄 벚꽃철이나 가을 단풍철에 5호 객차를 타고 호즈강 계곡을 유람하고 싶다면 아침 일찍 역으로 가서 티켓을 발매하는 길밖에 없다.

에디슨과 헤르츠를 신으로 모신
호린지

도게쓰교를 건너 직진하면 산자락에 호린지(法輪寺)가 있다. 진언종 교단의 사찰로 713년 겐메이 천황(元明, 661~721)의 적극적인 후원 아래 교키 스님(行基, 668~749)이 창건했다. 창건 당시에는 가즈노이데라(葛井寺)였는데, 829년에 고보대사(弘法大師) 구카이(空海, 773~835)의 제자 도쇼 스님이 허공장보살(虛空藏菩薩)을 법당에 주존불로 모시며 868년에 호린지로 이름을 바꾸었다.

진언종은 당나라에서 밀교를 배우고 귀국한 고보대사가 헤이안 시대에 세운 종파이다. 고보대사는 '합장하고 입으로 진언(眞言)을 외우며 마음으로 진리를 살피면 모든 사람은 성불할 수 있다'고 주장했다.

허공장보살상은 밀교에서 주로 모시는 불상으로, 복과 지혜의 크기가 마치 허공과 같이 광대하고 무변하다 하여 붙여진 이름이다. 진언종과 같은 밀교의 영향력이 큰 일본에서는 자주 보이는 보살상이나 우리나라 절에서는 거의 찾아볼 수 없다. 그런데 호린지 법당에 간다고 해서 허공장보살상을 언제든 볼 수 있는 것은 아니다. 이집트의 미라처럼 헝겊으로 여러 겹 싸서 비밀리에 보존하고 있는 비불(秘佛)이기 때문이다. 20세기 초반에 천황의 명으로 한 번 공개된 이래 지금까지 줄곧 비공개로 법당 안에 모셔 두고 있다. 신비성에서는 둘

덴덴구
덴덴토

째가라면 서러워할 불상이다.

한편, 호린지에는 다른 절에서는 찾아보기 힘든 특이한 신사와 탑이 경내에 있다. 전기와 전파의 신을 모신 신사 덴덴구(電電宮)와 탑 덴덴토(電電塔)이다. 탑의 뒤를 장식하고 있는 벽의 좌우에는 동으로 만든 헤르츠와 에디슨의 초상이 있다. 일본 절이 에디슨을 전기의 신으로, 헤르츠를 전파의 신으로 모시고 있는 것이다. 심지어 매점에서는 첨단 산업의 총아인 SD메모리카드를 부적으로 팔고 있다.

호린지는 '쥬산마이리(十三まいり)'로 유명한 절이기도 하다. 예로부터 일본 사람들은 자식이 열세 살이 되면 절에 와서 허공장보살에게 아이의 건강과 장수를 기원했다. 본래 매년 음력 3월 13일에 행해졌는데, 지금은 3월 13일부터 두 달간 열세 살 아이를 둔 부모들이 자녀를 데리고 와 허공장보살 앞에서 기도를 올리고 있다.

본당 옆에는 가쓰라강과 도게쓰교를 내려다 볼 수 있는 무대가 설치되어 있다. 이곳에 서면 교토 전역이 한눈에 들어온다.

술의 신으로 유명한
마쓰오타이샤

호린지 삼문을 나와 남쪽으로 방향을 잡고 걸어가자. 주택가를 빠져나가면 들녘이 보이며 일본의 농촌 풍경이 한눈에 들어온다. 농로를 따라 20여 분쯤 걸어가면 마쓰오타이샤(松尾大社)가 나온다.

창건주는 하타 집안의 하타노 도리(秦都利, ?~?)이다. 701년 뒷산인 마쓰오산의 마당 바위를 신으로 모셔와 하타 집안 신사로 신전을 건립했다. 하지만 헤이안 시대에 들어서며 수도 교토를 지키는 수호 신사가 되었고, 역대 천황들이 대대로 참배했다.

신사의 본전은 1397년에 세웠는데, 1542년 전면 보수한 이래 지금까지 개보수만 한 국가중요문화재이다. 본래 농업의 신을 모셨지만 중세 시대로 접어들면서 술의 신을 모신 신사로 바뀌었고 지금은 마쓰오타이샤 하면 술의 신을 먼저 떠올린다.

신사 안에 가메노이(龜の井)라는 샘이 있는데, 이 샘물로 술을 빚으면 술이 상하지 않는다 해서 주변 양조장에서는 이 물을 섞어 술을 빚는 풍습이 있다고 한다. 신사 마당에는 술의 신을 모시는 신사답게 일본 전역의 유명 양조장 술통이 줄지어 쌓여 있다. 또한 신사 내 매점에 가면 마쓰오타이샤의 이름을 걸고 직접 제조한 술 여러 종류를 팔고 있다.

신사 입구로 나와 다시 농로를 따라 남쪽으로 30여 분쯤 걸으면 이끼 절 고케데라(苔寺)라는 통칭으로 더 유명한 사이호지(西芳寺)가 나온다. 시간 여유가 있다면 여기까지 가 봐도 좋다. 정원 전체에 잘 손질된 이끼가 잔디처럼 깔려 있어 색다른 풍광을 접할 수 있다. 마쓰오타이샤 입구에서 버스를 타고 가도 된다. 서쪽 지역을 다니는 교토 버스의 종점이 이 절의 입구이다. 단, 상시 개방된 사찰이 아니니

마쓰오타이샤 본전

경내에 있는 샘, 가메노이
일본 유명 양조장들이 기증한 술통

사전에 홈페이지로 예약을 하고 가야 절 내 구경이 가능하다. 하지만 담장이 없어서 절 밖에서도 이끼 정원을 볼 수는 있다.

자! 이제는 오늘 여행의 하이라이트라 할 수 있는 고류지로 넘어가자. 만약 고케데라(사이호지)까지 갔다면 절 입구 종점에서, 마쓰오 타이샤 앞이라면 진입로에 있는 정류장에서 아라시야마로 들어가는 버스를 타자. 그리고 아라시야마 도게쓰교를 건너 버스에서 내려 란덴 아라시야마역으로 가자. 여기서 복고풍 열차를 타고 여섯 정거장을 지나 우즈마사 고류지역(太秦広隆寺駅)에서 내리자. 역에서 내리면 서쪽으로 대형 삼문이 보인다. 우리나라 신라 땅에서 전해진 것으로 추정되는 목조미륵보살반가사유상이 있는 고류지 대문이다.

목조미륵보살반가사유상이 있는
고류지

아라시야마 남쪽 지대는 우즈마사(太秦) 지역이다. 우리나라 국보 제83호인 금동미륵반가사유상과 쌍둥이 부처라 해도 과언이 아닌 목조미륵반가사유상이 있는 고류지(広隆寺)가 이곳에 있다. 이 일대도 하타 일족이 개간한 땅으로 고류지는 하타 집안의 씨족 사찰이었다. 한편, 고류지 내에는 쇼토쿠 태자상과 함께 하타노 가와카쓰(秦河勝, ?~?) 부부의 나무 조각상이 보존되어 있다. 쇼토쿠 태자야 삼국시대

때 한반도 문화를 적극적으로 수용하며 일본 불교를 융성시켰을 뿐만 아니라 고류지를 있게 만든 사람이므로 절 내에 태자상이 모셔져 있는 것은 납득할 수 있다. 그런데 하타노 가와카쓰 부부는 왜? 하타노 가와카쓰는 당대의 실력자 쇼토쿠 태자의 측근이자 하타 일족의 지도자로 고류지 창건의 실질적 주역이었다. 일본의 고대사를 기록하고 있는 『일본 서기』 603년 조에 이런 이야기가 나온다.

> 쇼토쿠 태자가 대부들에게 말하기를 "나는 존귀한 불상을 갖고 있다. 누가 이 상을 모시고 공경할 것인가"라고 했다. 그때 하타노 가와카쓰가 나아가 "신이 받들어 모시겠습니다"라고 하고는 즉시 불상을 받아들고 이를 모시기 위해 하치오카데라(蜂岡寺)를 세웠다.

하치오카데라와 고류지는 다른 절이지만, 옛 기록들을 조합해 보면, 하타노 가와카쓰는 쇼토쿠 태자가 신라의 사신에게서 받은 존귀한 불상을 모시기 위해 자기 집 안에 하치오카데라라는 절을 지었는데, 622년에 쇼토쿠 태자가 죽자 그의 영혼을 위로하기 위하여 새 절을 지었고 이 절이 하치오카데라와 합사되며 고류지로 이어졌다고 추정된다. 그런데 고류지 문전에 서 있는 안내판에는 창건주 하타노 가와카쓰를 중국 진나라를 세운 진시황제의 후손이라고 설명한다. 교토 현지 역사에 밝은 재일동포 역사학자들이 고류지에 여러 차례 시정해 줄 것을 건의했지만, 이리저리 미루며 아직도 하타노 가와카쓰를 중국계 도래인으로 설명하고 있다고 한다. 고류지가 내세우는 근거는 하타노 가와카쓰 일족의 성씨가 '진나라 진(秦)' 자여서다. 배꼽을 잡고 웃을 일이다. '秦'은 나라 이름이고 진나라를 세운 이를 '진시황제'라고 하는 이유는 진나라 최초의 황제이기 때문이다. 진시황제의 이름은 '영정(嬴政)'이다.

고류지가 우리에게 친근한 이유는 우리 땅에서 제작되어 건너갔을 것으로 추정되는 일본 국보 1호 목조미륵보살반가사유상이 있기 때문이다. 우리나라 사람이 고류지에 간다면, 분명 이 불상 하나를 보기 위해 갈 것이다. 그런데 목조미륵보살반가사유상을 일본 국보 1호라 하는 것은 틀린 말이다. 일본의 국가 유형문화재는 '국보'와 우리나라의 보물에 해당하는 '중요문화재'로만 분류되어 있지 일련번호는 붙이지 않는다. 한데 왜 다수의 책이 고류지 목조미륵보살반가사유상을 일본 국보 1호로 강조하고 있을까? 여기에는 사연이 있다. 1950년대 초반에 일본 정부는 전국에 있는 문화재를 대상으로 국보 재지정 작업을 벌였다. 이때 행정 편의상 임시로 각 문화유물에 일련번호를 부여했다. 그 당시 고류지 목조미륵보살반가사유상을 조각 분야 1호로 임시 지정했다. 국보 1호라는 건 여기서 유래된 것일뿐이다.

고류지 목조미륵보살반가사유상을 우리 땅에서 만들어진 불상으로 추정하는 이유는 우리나라 국보 제83호 금동미륵보살반가사유상과 쌍둥이라 해도 좋을 정도로 닮았기 때문이다. 재질만 금동과

나무로 다를 뿐 조형미나 취하고 있는 자세가 비슷하다. 또한 고류지 목조미륵보살반가사유상은 일본 땅에서는 거의 자라지 않는 적송(赤松)으로 만들어졌다. 적송은 우리나라 강원도 삼척을 중심으로 동해안 일대에서 하늘 높이 곧게 자라는 소나무다. 나무속이 일반 소나무에 비해 유난히 붉기 때문에 붉을 적(赤)을 써서 적송이라 한다.

고류지 목조미륵보살반가사유상의 한반도 제작설에 이의를 제기하는 학자들도 있다. 이들이 주장하는 근거는 두 가지다. 첫째, 일본에도 적송이 자라고 있다. 둘째, 일본의 목조 불상은 대부분 일본 특산 나무인 녹나무로 만들어졌는데, 고류지의 반가사유상의 허리띠 부분에 녹나무가 사용되었다. 이를 근거로 해서 한반도에서 제작된 불상이라기보다 나무만 한반도에서 가져와 일본 내에서 제작했거나, 그게 아니라면 일본산 적송으로 일본 내에서 만들었다고 주장한다. 또한 정말 한반도에서 제작되었다면, 백제와 신라 어디에서 만들었냐를 두고 논쟁을 벌이기도 한다. 이렇게 다양한 논쟁이 오가는 이유는 언제 어디서 누가 만들었다는 기록이 없기 때문이다.

고류지 역시 오래된 절답게 화재를 여러 번 당했다. 그중 818년에 발생한 불은 전각 대부분을 불태워 폐사 직전까지 갔었다. 다행스럽게도 아라시야마 도게쓰교를 만들고 호린지를 중흥시킨 도쇼 스님이 836년에 대대적인 중창 불사를 열어 사세를 다시 유지했다. 한편, 1120년에는 쇼토쿠 태자 서거 500주기를 준비하며 목조 쇼토쿠 태자상을 모셨다. 이후로 황실에서는 천황이 즉위할 때 입은 적황색 도포를 태자상에 공물로 보냈다. 이 전통은 지금도 이어지고 있어서 새 천황이 즉위할 때 착용한 도포는 고류지로 보내져서 쇼토쿠 태자상에게 입힌다. 고류지의 쇼토쿠 태자상은 태자의 33세 상이다. 태자가 하타노 가와카쓰에게 불상을 하사해 하치오카데라를 짓던 603년이 태자의 나이 33세 때였다고 한다. 태자상은 현재 조구오인 다이시덴(上宮王院 太子殿)에 모셔져 있는데, 1730년에 만들어진 전각으로 고류지의 본당이다. 절의 본당에 부처상이 아닌 태자상이 주불로 모셔졌으니 이 또한 고류지만의 특징이라 할 수 있다. 그렇다면 고류지에 가면 태자상을 볼 수 있느냐. 아쉽지만 1년에 한 번 11월 21일에만 일반에 공개한다.

현재 고류지는 영역이 상당히 작다. 교토에서 가장 오래된 절이고, 세계적으로 유명한 목조미륵보살반가사유상이 있고, 현 천황이 즉위하며 걸쳤던 옷을 입고 있는 태자상도 있는 절이 왜 이렇게 규모가 작을까? 메이지 유신 시절에 단행된 폐불훼석 때문이다. 고류지도 신불분리 정책을 피해갈 수 없었다. 이때 사찰 땅의 대부분을 빼앗겨서 지금은 10채 남짓한 전각을 가진 작은 절로 운영되고 있다. 그럼에도 전통과 역사를 자랑하는 사찰답게 국보 12점, 중요문화재 48점을 보존하고 있다. 다이시덴 뒤에 자리 잡은 레이호덴(霊宝殿)에 가면 목조미륵보살반가사유상을 비롯한 여러 국보급 문화재를 감상할 수 있다.

레이호덴에서 가장 눈에 띄는 불상은 당연히 목조미륵보살반가사유상이다. 하지만 바로 옆에 있는 불상에도 눈길을 주자. 상투를 크게 틀고 있는 반가사유상으로 표정이 희한하다. 영락없이 울고 있는 것 같은데, 재차 보면 웃는 모습도 엿보인다. 일명 '우는 미륵'으로 알려진 불상이다. 일본 특산 나무인 녹나무로 일본에서 직접 제작한 보살상으로 추정하고 있다. 목조미륵보살반가사유상보다 시기적으로 늦게 만들어진 작품인데도, 세련미라고는 전혀 없이 거칠게 조각된 것을 보면 당시 일본의 불상 조각 수준이 아직은 백제나 신라보다 떨어졌음을 짐작할 수 있다.

개인적으로 고류지에 갈 때마다 불만이 하나 있다. 레이호덴 내 조명이 너무 어둡다. 그러니 실물로 보는 목조미륵보살반가사유상이건만 딱히 감흥을 느낄 수 없다. 고류지에 가서 목조미륵보살반가사유상을 대면할 때마다 느끼는 아쉬움이다.

일본 시대극 테마파크
도에이 우즈마사 영화 마을

고류지 뒤편에 도에이 우즈마사 영화 마을(東映太秦映画村)이 있다. 이곳은 원래 고류지 영역 내였으나 메이지 유신 때 신불분리령으로 인해 도에이 영화사의 촬영장이 되었다. 현재는 일본 유일의 시대극 촬영 세트장이자 테마파크로 관광객을 끌어모으고 있다. 1940년대

도에이 우즈마사 영화 마을
헤비즈카 고분

부터 10여 년간 일본에서는 사극 위주의 시대극이 많이 만들어졌다. 그런데 1960년대에 야쿠자 영화가 유행하며 시대극은 사양길로 접어들었고, 기존 시대극 오픈 세트를 1975년에 테마파크로 변모시켰다. 닌자와 사무라이 공연, 실물 크기의 파워레인저, 후레쉬맨 등 볼거리가 풍성하며 일본 시대극에 등장하는 인물로 분장하고 촬영소 내를 활보할 수도 있다. 또 지금도 영화 촬영이 이루어지는 촬영장이기에 운이 좋으면 실제 영화 촬영 현장을 지켜볼 수도 있다.

하타씨 일족의 무덤이라 여겨지는
헤비즈카 고분

고류지 삼문 앞에서 도로를 건너 서남쪽으로 20분쯤 걸어가면 주택들에 둘러싸인 바윗덩어리의 작은 구릉이 있다. 얼핏 보면 무엇인지 추정하기가 힘들지만, 자세히 들여다보면 옛날 무덤임을 알 수 있다. 7세기경에 만들어진 전방후원분(前方後圓墳)으로 원래 약 75미터 정도 되는 봉분을 가진 대형 무덤이었다. 지금은 봉분 안에 있던 돌방만 앙상하게 뼈대를 드러내고 있다. 울타리 안쪽 바윗돌들은 돌방을 덮은 흙이 흘러내려 봉분 속이 드러난 것이다. 방의 규모로만 봤을 때, 교토 전역에 있는 옛 무덤 중에서 최대 크기로 추정된다.

　전방후원분은 앞쪽은 긴 네모꼴, 뒤쪽은 원형으로 만들어진 대형 무덤으로 3세기 후반에서 7세기 초반까지 일본 열도에서 지배층의 무덤으로 조성되었다. 일본 역사에서 3세기 후반부터 6세기 말까지를 고분 시대라고 한다. 이 시기에 전방후원분이 많이 조성되었기 때문에 붙여진 시대 명칭이다. 현지 사람들에게는 오래전부터 뱀이 살고 있다고 전해져 '헤비즈카(蛇塚)'로 이름 붙여졌지만, 실제 이 무덤은 고대에 우즈마사 일대를 지배한 지배자의 무덤이었다. 즉, 우즈마사와 사가노 일대를 지배한 하타 일족의 무덤인 것이다.

고류지가 있는 지역을 한자로 '태진(太秦)'이라 써 놓고 읽기는 '우즈마사'라 한다. 일본 사람들은 한자를 읽을 때 소리 나는 대로 읽는 음독과 뜻으로 풀어 읽는 훈독 두 가지를 경우에 따라 취사선택하여 사용한다. 그러나 어느 경우는 음훈과는 전혀 다르게 읽을 때도 있다. 성씨나 지명 표기 때 이런 일이 간혹 나타나는데, '태진'이라 쓰고 '우즈마사'라 발음하는 것도 그 사례 중 하나이다. 만약 태진을 음독으로 정확히 발음한다면 다이신(たいしん)으로 읽어야 되고, 훈독으로는 후토하타(ふとはた)라 해야 한다. 그런데 얼토당토않게 엉뚱한 발음인 우즈마사라고 했다. 우즈마사라 발음하는 이유는 여러 설이 있지만, 가장 그럴듯한 설은 다음과 같다. 하타 집안에 하타노 사케노키미(秦酒公, ?~?)가 있었는데, 『일본 서기』 471년 조에 이런 기록이 있다.

천황은 하타노 사케노키미를 총애했다. 명을 내려 하타 사람들을 모아

하타노 사케노키미에게 맡겼다. 하타노 사케노키미는 이 사람들을 데리고 비단을 짜서 조정에 바쳤다. 이에 천황은 '우즈마사(禹豆麻佐)'라는 성을 내렸다. 우즈마사는 우즈모리마사(禹豆母利麻佐)라고도 한다.

여기서 '禹豆母利(우두모리)'는 우리말 우두머리를 음차한 것으로 추정되며, 하타노 사케노키미가 하타 일족 전체에서 가장 우두머리란 뜻으로 해석된다. 그래서 본래 성인 진(秦)씨 앞에 클 태(太)를 덧붙여 '太秦'을 새 성으로 하사하면서 읽기는 인솔자의 뜻이 담긴 '우즈마사'라 했다는 것이다. 즉, 천황이 하타노 사케노키미를 하타씨 전체를 이끌 리더로 선택한 것이다. 이런 사실로 보았을 때, 헤비즈카를 비롯한 50여 개 이상 되는 우즈마사와 사가노 지역의 옛 무덤들은 하타씨 일족의 무덤일 가능성이 농후하다.

헤비즈카는 주택가 골목 안에 있어서 동네 사람이 아닌 이상 찾기가 쉽지 않다. 이때 고류지 주변에서 구글 맵을 켜고 'Hebizuka Kofun'을 검색하면 정확히 찾아갈 수 있다.

하타씨 일족이 세운
누에 신사

고류지 입구에서 동쪽으로 10분 정도 쭉 걸어가면 고노시마니마스 아마테루 미타마(木嶋坐天照御魂)라는 긴 이름을 가진 작은 신사가 있다. 이름이 길어도 너무 길다. 그래서 그런지 정식 이름보다는 누에의 신을 모시고 있어서 주로 가이코노야시로(蚕ノ社), 즉 누에 신사로 더 많이 쓴다.

신라에서 건너간 도래인 하타씨 일족은 자기들의 세력권인 우즈마사에 뽕나무를 심어 누에를 길렀고, 누에고치에서 뽑아낸 명주실로 비단을 짰다. 그러면서 누에를 신으로 모신 신사를 만들었다.

한편, 이 신사에는 다른 신사에서는 보기 힘든 특이한 도리이가 있다. 일반적으로 도리이 기둥은 둘인데, 이 신사 연못 안에 세워진 도리이 기둥은 3개다. 하타 집안에 전해 내려오는 이야기에 따르면, 기둥 3개는 하타 집안의 주요 연고지를 가리키고 있다고 한다. 이 또한 누에 신사와 하타 집안의 인연을 말해 주는 증거라 할 수 있겠다.

삼각 도리이

교토 걷기 여행 5일째! 오늘은 교토의 남쪽 지대 여행이다.

우리 역사의 흔적을 다수 살필 수 있는 코스다.

임진왜란 당시 한반도에서 가져간 귀와 코를

한꺼번에 묻어 놓은 귀무덤, 임진왜란의 원흉 도요토미

히데요시 가문을 몰락으로 몰고 간 호코지,

일본 근대화의 상징인 메이지 천황 무덤을 볼 수 있다.

영화〈게이샤의 추억〉에서 인상적이었던 긴 터널의

적색 도리이로 유명한 후시미 이나리타이샤 또한

이색적인 볼거리다.

STEP

5

물 맑은 교토
남쪽 지대를 따라서

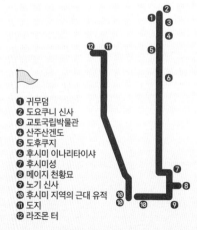

1 귀무덤
2 도요쿠니 신사
3 교토국립박물관
4 산주산겐도
5 도후쿠지
6 후시미 이나리타이샤
7 후시미성
8 메이지 천황묘
9 노기 신사
10 후시미 지역의 근대 유적
11 도지
12 라조몬 터

조선 사람들의 영혼이 잠든
귀무덤

교토 여행 5일째. 오늘은 교토국립박물관을 기준으로 남쪽 지역을 여행해 보자. 이 지역을 방문할 때 가장 먼저 찾아가야 할 곳은 귀무 덤(미미즈카耳塚)이다. 딱히 교토를 상징하는 중요 유적이라서가 아니다. 우리 민족으로서는 잊으려 해도 잊을 수 없는 민족 수난사를 담고 있는 곳이기 때문이다.

1592년 4월, 도요토미 히데요시가 군사 20여만 명을 보내 조선을 무려 7년 동안 침탈했다. 임진왜란이다. 대체로 국가 간의 전쟁은 심각한 의견 충돌이나 긴장 관계가 대화로 해결되지 않을 때 일어난다. 그런데 임진왜란은 그렇지 않았다. 당시 조선과 일본 사이에 전쟁이 일어날 만한 충돌이나 긴장 관계는 없었다. 센고쿠 시대의 혼란을 진압하고 일본 전역을 장악한 쇼군 도요토미 히데요시의 대륙 정복에 대한 과대망상만 있었을 뿐이다. 전쟁을 일으킬 명분이 딱히

귀무덤

없었던 도요토미 히데요시는 명나라를 치러 갈 테니 길만 조금 빌려 달라는 억지 주장을 하며 전쟁을 일으켰다. 한데, 생각해 보자. 세상에 어느 나라가 다른 나라와 전쟁을 한다며 길을 빌려 달라하면 고분고분 빌려주겠는가? 도요토미 히데요시는 조선으로서는 도저히 들어줄 수 없는 이유를 대며 조선 땅을 기습적으로 침범한 것이다.

더 가관인 것은, 일본 땅에 앉아서 진두지휘했던 도요토미 히데요시가 조선에서 분탕질을 치고 있던 부하들을 독려하며 조선인의 목을 베어 머리만 일본으로 보내라고 한 것이다. 승전 기념물로 삼고 백성들에게 조선을 침략한 자신의 판단이 옳았음을 증명하기 위해서였다. 하지만 머리는 부피가 커서 바다 건너 일본까지 가져가기에 힘이 들었다. 그러자 나중에는 귀만 베어 보내라고 했다가 귀는 한 사람이 2개씩 가지고 있으므로 살상의 숫자를 부풀릴 가능성이 있다 하여 코를 베어 보내는 방법으로 바꾸었다.

왜란 초기부터 이런 반인륜적 행위를 자행했지만, 1597년 재개된 정유재란 이후로는 귀나 코를 보내는 일이 한층 더 심해졌다. 오직 본인의 공적을 부풀릴 생각만 하는 악독한 장수의 진영에서는 병사 1인당 코 3개 이상을 의무 납부하도록 할당한 경우도 있었다. 현실이 이러했으니 전쟁이 벌어지고 있던 조선 상황이 어떠했겠는가? 왜병들은 직접 맞싸운 조선 병사들의 코만 벤 것이 아니라, 일반 백성들의 귀나 코도 베어 승전을 과장했다. 당시 왜병에게 귀나 코를 베인 조선인은 민간인 포함하여 10만여 명 정도로 추정된다.

왜군은 닥치는 대로 수집한 귀와 코를 한 무더기씩 상자에 담아 교토에 있던 도요토미 히데요시에게 보냈다. 교토에서는 검수관이 몇 명분인지 일일이 세어 영수증을 발행하고 논공행상의 기준으로 삼았으며, 조선 땅에서 이렇게 전쟁을 잘 치르고 있다는 것을 증명하기 위하여 수레에 싣고 교토 시내와 오사카 등지를 돌며 자랑 삼아 보여 주었다.

교토국립박물관 옆 도요쿠니 신사(豊国神社) 정문 도리이에서 50미터 전방에 있는 귀무덤은 정유재란 당시 수레에 실어 이곳저곳으로 끌고 다니며 승전 기념물로 자랑했던 조선인의 귀와 코를 도요토미 히데요시가 한데 묻어 주라고 지시하여 만들어진 무덤이다. 봉분을 크게 만들고 정상 부위에는 영혼을 달래기 위한 오륜탑을 세웠으며, 교토 5산의 승려 400명을 동원하여 위령제까지 지냈다고 한다. 무덤 안에는 어림잡아 4만여 개의 귀와 코가 잠들어 있을 것으로 추정하고 있다.

그런데 이상하다. 도요토미 히데요시는 왜 굳이 큰 무덤을 만들고 위령제까지 지냈을까? 죽은 영혼을 달래기 위한 것일 수도 있지만 그 속에는 분명 자신이 일으킨 전쟁이 승리하고 있음을 과시하고 싶은 욕망도 있었을 것이다. 하지만 또 달리 생각해 보면 다른 나라 사람들의 무덤을 만들고 지금까지 파헤치지 않고 보존하고 있는 것은 일본인들의 영혼 숭배 사상이 우리와는 다르기 때문일 수도 있다.

일본인은 예로부터 위대한 업적을 남겼거나 아주 억울하게 죽은 사람들을 신으로 떠받들었다. 큰 공을 세운 사람이야 그렇다손 치더라도 실패해 죽은 사람도 신으로 모셨다. 심지어 반역자를, 그 반역자를 처단한 세력이 신으로 모신 경우도 있다. 이와 같은 신앙관에 비춰 보면 도요토미 히데요시가 귀무덤을 만든 것은 조선인들의 원한이 불러올 화근을 사전에 차단하기 위한 장치였음을 알 수 있다.

임진왜란이 끝난 후 도쿠가와 이에야스 막부가 화해를 요청하자 조선 조정이 '회답 겸 쇄환사(回答兼刷還使)'라는 사절단을 파견했다. 이때 도쿠가와 막부는 조선 사절단에게 귀무덤 참배를 끈질기게 요청했다. 그러나 조선 사절단은 일본의 의도를 어느 정도 눈치채고 있었기에 참배하지 않겠다고 거절했다. 당시는 그러했을망정 우리는 참배하자. 의도하지 않은 싸움에 말려들어 저승길에 든 것도 억울한데 타국에서 무려 400여 년 이상을 떠도는 우리 선조들에게 평안하게 쉬시라는 묵념 정도는 해 줘야 하지 않겠는가? 5일째 교토 여행 첫 탐방지를 귀무덤으로 잡은 이유가 여기에 있다.

도요토미 가문의 몰락을 부른 동종이 있는
호코지와 도요쿠니 신사

귀무덤을 참배했다면 귀무덤 바로 위쪽 도요쿠니 신사(豊国神社)에 담장도 없이 연결되어 있는 호코지(方広寺)를 가 보자. 호코지는 도요토미 히데요시가 1588년에 대불전을 지으며 시작되었다. 당시 지어진 절은 화재로 없어졌지만 입구에 석단이 조금 남아 있다.

도요토미 히데요시는 대불전을 건립할 때 석단으로 쓸 큰 돌들을 멀리 시코쿠 지역에서 가져왔으며 교토 일대의 큰 건물들을 해체해서 나온 질 좋은 목재들도 사용했다. 또한 공사를 시작하며 승려 4천여 명을 동원해 제를 지내고 대규모 연회를 열었다.

불전 안에 들어갈 대불은 처음에는 나무로 조성했다. 그러나 이 불상은 1594년에 지진으로 크게 파손되었다. 1599년 도요토미 히데요시의 아들 도요토미 히데요리가 도쿠가와 이에야스의 권유를 받아 다시 대불을 만들기 시작했는데 화재로 완성 직전의 대불은 물론 대불전까지 불타 버렸다. 1608년 도요토미 히데요리는 전각과 불상 조성 사업을 재개했으며, 완공될 무렵에는 동종도 종각에 걸 수 있었다.

그런데 동종에 주조된 글자 몇 개가 도요토미 가문의 몰락을 불렀다. 도요토미 히데요시가 죽은 이후 권력은 도쿠가와 이에야스 쪽으로 기울었다. 도쿠가와 이에야스는 쇼군의 자리에 올랐고 도요토미 히데요시의 아들 히데요리는 다이묘로 격하되어 오사카성에 살고 있었다. 도쿠가와 이에야스 입장에서야 도요토미 가문을 완전히 절단 내고 싶었겠지만 아직은 도요토미 가문에 충성을 다하는 다이묘들이 있었기에 호시탐탐 기회만 엿보며 명분을 찾고 있었다. 드디어 기회가 찾아왔다. 호코지 동종이 완성되었다는 소문에 가 보니, 동종 위쪽에 주조된 글자들 중에 '국가안강(國家安康)'과 '군신풍락(君臣豊樂)'이 눈에 들어왔다. '국가가 평안하다', '임금과 신하가 즐거움을 마음껏 누린다'는 뜻이니 이 얼마나 복된 말인가? 그런데 도쿠가와 측 사람들은 이 글자를 다르게 해석했다. '國家安康'은 이에야스 가문의 몰락을 재촉하기 위해 일부러 '家康(이에야스)'을 떼어 놓았다고 억지 해석을 했으며, '君臣豊樂'은 '豊臣(도요토미)'을 교묘하게 앞뒤로 바꾸어 도요토미 집안의 번성을 기원한 것이라고 했다. 그러면서 '이에야스를 떼어 놓으면 나라가 평안하다', '도요토미를 군주로 삼으니 즐겁다'라는 뜻이 아니냐며 공격했다.

정치판의 음모는 어느 시대에나 있기에 그럴 수도 있겠거니 치부할 수 있지만 이건 말도 안 되는 모함이었다. 그러나 눈엣가시 같은 도요토미 가문을 몰락시킬 기회만 노리고 있던 도쿠가와 이에야스 입장에서 이 사건은 절호의 찬스였다. 며칠 뒤로 예정된 대불전과 대불의 낙성 경축 법회를 중단시켰으며, 잠시 뜸을 들이다가 1614년 겨울과 1615년 여름에는 히데요리가 지키고 있던 난공불락의 요새 오사카성을 공략했다.

도요쿠니 신사
호코지 동종의 명문

대불전과 대불은? 도요토미 가문이 사라진 이후에도 계속 그 자리에 있었다. 하지만 1799년 낙뢰로 대화재가 발생하며 전각과 불상은 불타 버렸고 지금은 새로 조성된 호코지 안에 동종만 덩그러니 남아 있다. 현재 동종은 종각 안에 매달려 있는데 글자가 주조된 상단부를 보면 하얀색 페인트로 도요토미 가문을 몰락으로 이끈 글자에 네모 칸을 해 놓았다.

호코지 바로 옆에 있는 도요쿠니 신사는 도요토미 히데요시를 신으로 모시고 있다. 1615년 도요토미 가문이 멸하자, 에도 막부는 도요토미 히데요시의 유언에 따라 히가시야마 줄기 중 하나인 아미다가미네(阿弥陀ヶ峰)에 조성된 무덤과 사당을 폐쇄했다. 그러다가 메이지 유신 이후 도요토미 히데요시에 대한 재평가 작업이 시작되었다. 그 결과, 1880년 대불전 터에 도요쿠니 신사가 조성되었다. 또한 1898년에는 도요토미 히데요시 서거 300주년 제를 지내며 교토시에서 폐허로 변한 무덤을 재조성하고 봉분 위에 거대한 오륜석탑을 세웠다. 이 무덤은 도요쿠니 신사에서 그리 멀지 않은 곳에 있다. 굳이 가 보고 싶다면 발품을 팔아야 해서 그렇지 찾아갈 수는 있다. 도요쿠니 신사 바로 옆 교토국립박물관 동쪽에 있는 교토여자중·고등학교로 올라가는 길로 들어가서 산자락까지 쭉 올라가면 산정 위까지 곧게 놓인 계단이 보인다. 이 계단을 끝까지 올라가면 보이는 봉분이 도요토미 히데요시 무덤이다.

교토 지역의 중요문화재가 있는
교토국립박물관

일본에는 국립박물관이 4곳 있다. 현재 수도인 도쿄, 메이지 시대 이전까지 오랜 기간 수도였던 교토, 초기 수도였던 나라, 그리고 고대 시대에 대륙 문물 수입의 중심지였던 규슈다. 이 중 교토국립박물관은 교토가 수도가 되는 헤이안 시대부터 에도 막부 말기까지 교토에서 만들어지고 널리 퍼진 문화재들을 보관 및 전시하고 있다.

교토국립박물관은 1897년에 개관했으며, 교토 내의 여러 사찰이 보안 문제로 귀중한 문화재를 위탁한 경우가 많아서 수십 점의 국보와 200여 점에 달하는 중요문화재를 비롯한 다수의 문화유산을 수장고에 넣어 놓고 돌려가며 전시하고 있다.

야외 분수대 앞에는 프랑스 조각가 로댕의 〈생각하는 사람〉이 있다. 프랑스 정부는 로댕의 청동주물 작품은 12번째 재생된 작품까지 진품으로 인정하는데 그중 한 점이다. 따라서 로댕의 〈생각하는 사람〉 진품을 보고 싶다면 굳이 프랑스 파리까지 갈 필요 없이 교토국립박물관으로 가면 된다.

1,001구의 천수관음상이 있는
산주산겐도

교토국립박물관 주변에 가면 매표소가 있는 남문 건너편에 있는 산주산겐도(三十三間堂)에 반드시 들르자. 정식 이름이 렌게오인(蓮華王院)인 사찰이다. 본전 안에 꽉 들어찬 천수관음상(千手観音像)이 우리 절과는 확연히 다른 일본 절의 색다름을 선사한다.

정식 절 이름이 있음에도 산주산겐도로 불리는 이유는 관음상을 모시고 있는 본전 건물이 118미터로 길게 이어지며, 기둥과 기둥 사이가 총 33칸으로 나눠져 있기 때문이다. (33칸의 일본어 발음이 '산주산겐'이다.) 우리나라 전통 목조건축물 중에서 가장 길다고 하는 서울의 종묘가 101미터이니 이 건물이 길기는 길다.

전각 자체는 헤이안 시대인 1164년에 창건되었다. 그러나 천태종 사찰인 이 절 역시 대형 화재로 소실되었다가 가마쿠라 시대인 1266년에 재건하여 지금까지 750여 년간 4차례의 개보수만 거치며 보존되어 오고 있다.

본전에 들어서면 불상들에 압도당하는데, 무려 1,001구의 목조 천수관음입상(木造千手観音立像)이 10열로 줄지어 서 있다. 1,000이면 1,000이지, 왜 1,001개일까? 단상 한가운데의 거대한 불상을 중심으로 좌우에 각기 500구의 관음상이 서 있다. 모두 국보이다.

중앙 불상을 만든 이는 가마쿠라 시대의 대표적 불상 조각가 단

산주산겐도 본전

케이(湛慶, 1173~1256)다. 말년에 신체 부위를 따로 조각해 조립한 대형 편백나무 불상을 제작했다. 이 목공 기법을 '요세기즈쿠리(奇木造り)'라 하는데, 산주산겐도의 불상은 모두 이 기법으로 만들어졌다.

관음보살은 대승 불교에서 섬기는 여러 보살 가운데 가장 자비로운 보살로 중생의 소리를 듣고 고뇌에서 벗어나게 해 주므로 관세음보살, 중생 구제를 자유자재로 하므로 관자재보살, 모든 소리를 두루 들어줌으로 원통대사라고도 한다. 이처럼 관음보살은 중생들의 다양한 삶에 관여하며 그들을 고뇌에서 구제해 주므로 여러 형태의 다양한 관음상이 만들어졌는데 그중 대표적인 상이 십일면관음상(十一面觀音像)과 천수천안관음상(千手千眼觀音像)이다.

십일면관음상은 얼굴이 11면으로 표현된 불상인데 다양한 방법으로 중생을 구제하려는 의지를 나타낸 것이다. 보통은 정면 3, 왼쪽 3, 오른쪽 3, 뒷면 1, 정상 1 해서 총 11개 얼굴로 표현된다.

1,000개의 손과 1,000개의 눈을 가진 천수천안관음은 고통받는 중생을 모두 헤아려 돌봐주려는 의지를 반영한 관음상으로 대체적으로 11면의 얼굴에 1,000개의 손을 지닌 형태로 표현된다. 하지만 조각이나 그림에서는 1,000개의 손과 눈을 모두 구현하기가 쉬운 일이 아니라 대개 좌우에 20개씩 모두 40개의 손으로 표현한다. 불교의 세계관에서는 지옥에서 천상까지를 25단계로 나눈다. 손 하나가 25단계의 중생을 구제한다고 하여 40×25=1,000으로 40개 손으로 천 개의 손을 나타낸 것이다. 산주산겐도 안의 관음상들도 자세히 살피면

11면 관음상에 40개의 손을 가지고 있는 천수천안관음상이다. 중앙에 있는 주존불 주변에 있는 불상과 단 아래 세워진 불상들은 28부중상(二十八部衆像)으로 불법(佛法) 수호신들이다.

단상 양쪽 끝머리에는 풍신과 뇌신이 조각되어 있다. 해학적이면서도 역동적인 모습이 감상할 맛이 난다. 바람이 가득 찬 자루를 등에 지고 뛰어가는 풍신, 번개를 상징하는 작은 북 여러 개를 걸머진 뇌신은 여러 번 살펴봐도 확실히 잘 조각된 작품임을 인정할 수밖에 없다. 일본이 국보로 지정하여 길이 보존할 만하다. 풍신, 우신, 뇌신은 세계 어디에서나 농경의 신으로 모시는데, 절 안에 이 신들을 모셨다는 것은 오곡이 잘되기를 기원하는 전통의 농경 신을 일본 불교가 적극적으로 수용했다는 것을 의미한다.

한편, 산주산겐도의 긴 복도에서는 에도 시대에 '도오시야(通し矢)'라는 활쏘기 대회가 열렸다. 지금도 매년 1월 둘째 주 월요일 성년의 날에 '오마토타이카이(大的大会)'라 해서 활쏘기 대회를 개최하고 있다.

절의 남쪽 문인 '난다이몬(南大門)'과 담장 '다이코베이(太閤塀)'는 1595년에 호코지의 남문과 담장으로 만들어졌다. 이 담장을 다이코베이라 하는 이유는 담장을 덮은 기와 문양이 도요토미 히데요시 가문의 문장인 오동나무 잎이기 때문이다. 다이코(太閤)는 셋쇼(摂政)나 간바쿠직을 후계자에게 물려주고 은퇴한 권력자에게 붙여 준 존칭으로, 일본에서 다이코라 불린 대표적인 인물이 히데요시다. '塀'은 담장을 뜻하는 한자이다.

화장실이 유명한
도후쿠지

도후쿠지(東福寺)는 선종 계통인 임제종 도후쿠지파 총본산으로 교토 동쪽에 줄지어 서 있는 36개 봉우리 중 가장 남쪽에 솟아 있는 에니치산(慧日山) 기슭에 자리 잡고 있다. 본래 도후쿠지 자리에는 헤이안 시대의 명문가 후지와라(藤原)의 가족 사찰 홋쇼지(法性寺)가 있었다. 그런데 이 집안 출신으로 간바쿠를 지낸 구조 미치이에(九條道家, 1193~1252)가 나라의 도다이지와 고후쿠지에 버금갈 만한 절을 염원하며 일본 최초로 천황에게 국사 칭호를 부여받은 쇼이치(聖一, 1202~1280) 국사를 앞장세워 도후쿠지로 재탄생시켰다. 1239년에 작성된 불전의 상량식 발원문에는 "이 넓은 터는 도다이지와 맞먹고, 성대함은 고후쿠지와 같으리라"라고 쓰여 있다. 절 이름도 도다이지와 고후쿠지에서 따온 것이다. 이후 도후쿠지는 교토 남쪽을 대표하는 선종 사찰로 자리 잡았으며, 무로마치 시대에도 그 명성은 여전히 계속되어 교토 5산 중 하나로 명성을 떨쳤다. 창건 이후 몇 차례 화재를 입고 여러 차례 개보수되었지만 대문인 삼문과 선당, 동사, 욕실 등은 화재를 입지 않아 가마쿠라 시대 선종 사찰의 특징을 그대로 보여 주고 있다.

가마쿠라 막부 시대부터 지어지기 시작한 일본 선종 사찰들은 중국 선종 사찰들을 본떠 7당 가람체제로 지어졌는데, 현재 교토의 사찰들 중 7당 가람체제를 가장 잘 갖춘 사찰이 도후쿠지다. 기존 절들이 탑과 법당을 중심으로 한 부처님께 기도를 드리는 공간으로써의 역할을 중시했다면, 선종 사찰은 참선 수행을 하는 스님들이 생활하는데 불편함이 없도록 공동 생활공간을 중시했다. 그래서 등장한 것이 7당 체제이다.

자! 그럼 도후쿠지 전각 하나하나를 꼼꼼하게 들여다보자. 먼저 삼문이다. 높이 22미터, 2층 누각 형태로 만들어진 이 문은 1952년에 국보로 지정된 건물이다. 창건 당시의 삼문은 불타 사라졌고 현재 있는 문은 1405년에 만들어진 것으로 일본의 선종 사찰 삼문 가운데 가장 오래되었다. 삼문 앞에는 일반적으로 연못을 배치하는데, 도후쿠지 삼문도 앞에 연못이 있다. 삼문 우측에는 욕실 건물이 있다. 1459년에 만들어진 건물로 현재 일본 사찰에 있는 욕실 건물로는 도다이지 다음으로 오래된 것이다. 삼문 왼쪽에 있는 동사는 무로마치 전기에 지어진 재래식 화장실이다. 화장실은 주 건물을 축으로 선당과 함께 동쪽에 짓는 것이 7당 가람체제의 원칙이어서 '동사'라 했다고 한다. 아무래도 기능적으로나 동선상으로 선당에서 참선에 열중하는 스님들이 써야 하는 장소이기에 그리 배치했을 것이다.

도후쿠지의 동사는 '100인 변소'라고 한다. 100명이 한꺼번에 들어가 일을 볼 수 있다는 뜻으로 화장실 건물치고는 건물 자체가 상당히 크다. 현재 중요문화재로 지정되어 있으며 메이지 시대까지만 하더라도 여기서 나온 배설물은 퇴비로 쓰여 교토의 채소를 키우는 데 한몫 단단히 했다. 선종 사찰 화장실로는 일본에서 가장 오래되었고 가장 크며 세계적으로도 유명한 재래식 화장실이니 도후쿠지를 방문하면 동사는 꼭 찾아보는 것이 좋다.

동사 위에 있는 선당 또한 무로마치 전기에 지어진 것으로 일본에서 가장 오래되고 가장 큰 선방이라고 한다. 이중 지붕으로 된 대형 건물로 사면으로 뚫린 창문이 볼 만하다. 이런 창을 화두창(華頭窓)이라고 하는데, 가마쿠라 시대부터 시작되어 아즈치모모야마 시대에 널리 유행했다. 중국에서 전래되어 주로 사찰 건축에서 많이 사용된 창 양식으로 우리나라에서는 고려 말에 잠시 유행했다.

방장은 1881년 대형 화재로 전소해 1890년에 다시 지었는데, 정원이 독특하다. 1939년에 근대의 대표적 작정가인 시게모리 미레이(重森三玲, 1896~1975)의 손길로 설계된 명품 정원이다. 시게모리는 방장 건물의 사방에 각기 다른 형태의 정원을 배치했는데, 석가모니의 일생을 여덟 장면으로 나눠 그린 〈팔상도(八相圖)〉에서 영감을 받아 정원을 조성했다고 한다. 그래서 정원 이름도 '팔상의 정원'이다.

방장의 정면에 자리 잡은 남쪽 정원은 신선이 사는 4개의 돌산이 모래 정원인 큰 바다 '팔해(八海)' 위에 놓여져 있다. 서쪽 정원은 사각으로 정돈된 철쭉과 주변의 이끼가 단정한 분위기를 연출하고 있

동사
바둑판 정원

도후쿠지 쓰텐교

다. 일명 '바둑판 정원'으로 알려진 북쪽 정원은 사각형 돌판과 사이사이를 이끼가 빼곡하게 채우고 있다. 도후쿠지를 소개하는 책자에 단골로 등장할 정도로 유명한 정원이다. 동쪽 정원에는 하늘의 북두칠성을 나타내는 7개의 원통형 석조가 흰 자갈 위에 배치되어 있는데, 석조는 사원 건물의 버려진 주춧돌을 가져다 재활용했다고 한다.

방장 위쪽으로는 깊은 계곡이 지나간다. 가을에는 교토를 대표하는 단풍 관광 명소이다. 쓰텐교(通天橋) 좌우 계곡으로 수천 그루의 단풍나무가 무성하게 자리 잡고 있어서 하늘을 조금 빼고 눈에 들어오는 것은 온통 붉은 단풍뿐이다. 쓰텐교에서 양쪽 경치를 쳐다보며 위로 올라가면 가이산도가 나온다. 도후쿠지를 개창하고 1280년에 죽은 쇼이치 국사를 모신 전각이다.

절 밖으로 나오면 일본 전통 주택처럼 보이는 집들이 도후쿠지 주변에 촘촘히 들어서 있다. 자세히 들여다보면, 집 하나하나가 전부 절이다. 이런 작은 절들이 큰절에 딸린 탑두 사원이다. 도후쿠지는 지금도 주위에 수십 채에 달하는 탑두 사원을 거느리고 있다.

적황색 도리이 터널이 유명한
후시미 이나리타이샤

영화 〈게이샤의 추억〉에는 긴 터널처럼 쭉 이어진 붉은 도리이 사이를 어린 소녀가 천진난만한 미소를 지으며 뛰어오는 장면이 있다. 강렬한 인상의 이 장면을 찍은 장소가 후시미 이나리타이샤(伏見稲荷大社)이다. 약 3만 개에 달하는 이나리 신사의 총본산으로 교토 남쪽 이나리산(稲荷山)의 서쪽 자락에 자리 잡고 있다. 창건자는 하타노 이로구(秦伊呂具, ?~?)로 771년 이나리산에 신사를 세우고 제사를 지내면서 신사의 역사가 시작되었다.

오래된 큰 신사답게 창건 설화도 있다. 하타노 이로구가 화살에 떡을 꽂아 공중으로 쏘아 올렸다. 날아가던 떡이 백조로 변하더니 훨훨 날아 이나리산 봉우리에 내려앉았다. 이후 그곳에서 벼가 자랐다. 하타노 이로구는 그 터에 신사를 짓고 '이네(稲) 나루(生る)', 즉 '벼가 자라다'라는 뜻으로 신사 이름을 '이나리'라 정했다. 하타노 이로구는 성에서 알 수 있듯이 도래인인 하타씨 후손이다. 설화 내용을 해석하면, 5세기에 신라에서 건너온 도래인 하타씨 일족이 교토 서북쪽에 있는 사가노 지역을 농경지로 만들며 날로 번성하더니 후시미 이나리타이샤가 만들어지던 8세기 후반에는 남쪽 지역으로까지 세력을 확장하며 선진 농경술을 바탕으로 부를 축적했음을 알 수 있다.

센본도리이
여우상

창건 이후 후시미 이나리타이샤는 영험한 신사로 인정받으며 역대 천황들이 찾아오는 곳이 되었다. 하지만 교토 전역을 불바다로 만든 오닌의 난을 피하지 못하고 전각 전체가 불타는 수난을 겪었다. 이후 재건에 나서 1499년에 당파풍 입구를 가진 화려한 본전을 재건축했다. 장식성이 뛰어난 모모야마 시대 건축물의 특징을 잘 드러낸 이 본전은 국가 중요문화재로 지정되어 있다.

후시미 이나리타이샤는 도요토미 히데요시와도 인연이 있다. 갑작스레 병환에 든 어머니의 쾌차를 기원하는 제를 여기서 올렸고 어머니가 건강을 되찾자 후시미 이나리타이샤를 적극 후원했다. 신사 입구 안쪽의 2층짜리 대형 로몬(樓門)은 도요토미 히데요시가 어머니의 건강을 기원하며 쌀 5천 석을 기부해 세운 것이다.

타 신사에 비해 후시미 이나리타이샤는 세 가지 유별난 점이 있다.

첫째, 신사 곳곳에 여우상이 있다. 일반적으로 신사 입구에는 우리나라의 해태 같은 고마이누(狛犬)가 수문장처럼 서 있으나, 후시미 이나리타이샤는 여우 한 쌍이 수호신 역할을 담당하고 있다. 특히 좌측 여우는 열쇠를 입에 물고 있는데 이는 쌀 창고 열쇠라고 한다. 후시미 이나리타이샤에서 여우는 신의 사자로 사람들의 소원을 이나리오카미진(稲荷大神)에게 전하는 역할을 한다고 한다. 그래서 신사 곳곳에 두루마리, 구슬 등 다양한 물건을 입에 문 여우 동상이 서 있다.

둘째, 여우를 신의 사자로 점지한 신사답게 소원을 적는 나무판인

에마가 여우 모양이다. 그것도 길함을 상징하는 흰여우 나무판이다.

셋째, 촘촘하게 세워진 도리이들이 본전 건물 뒤편 산자락에서부터 산 정상까지 쭉 이어져 있다. 장장 4킬로미터의 터널이다. 시작 지점에 두 줄로 세워진 작은 도리이를 '센본도리이(千本鳥居)'라 하며 끝나는 지점에 작은 신사인 오쿠샤(奧社)가 있다. 오쿠샤 안쪽에는 소원을 점치는 돌 '오모카루이시(おもかる石)'가 있다. 마음속으로 소원을 빈 후에 돌을 들었을 때 돌의 무게가 본인이 생각했던 것보다 가벼우면 소원이 이루어진다고 한다.

도리이는 오쿠샤 위로도 계속 이어진다. 이 도리이들은 에도 시대부터 상인들의 기부로 세워졌는데, 후시미 이나리타이샤에 도리이를 봉납하면 사업이 번창한다는 소문이 나면서 지금은 무려 4만 2천여 개에 달한다. 일본 전역의 어느 신사에도 없는 후시미 이나리타이샤 만의 특색이다. 도리이를 세우려면 제일 작은 것은 21만 엔(약 210만 원), 제일 큰 것은 160만 엔(약 1600만 원) 정도를 내야 한다. 이처럼 비싼 도리이가 많이 세워진 이유는 농업신인 이나리오카미진을 모시며 오곡이 풍성하기를 기원하는 창건 당시와 달리 세월이 흐르며 상업 번성과 가내 평안의 수호신을 모시는 신사로 변했기 때문이다.

후시미에는 일반 관광객은 잘 가지 않지만 역사에 관심이 많다면 가 볼 장소가 의외로 많다. 교토를 사방이 산으로 둘러싸인 분지라고 한다. 하지만 자세히 살펴보면 동쪽, 서쪽, 북쪽은 성곽처럼 높은 산으로 빙 둘러져 있지만 남쪽인 후시미 쪽은 상류 쪽에서 흘러내리는 작은 강들이 합류하며 개활지를 형성하고 있다. 즉, 교토 시내에서 흘러 내려오는 가모강과 가쓰라강이 후시미에서 만나며, 이 물줄기는 일본 최대 호수인 비와호에서 내려오는 우지강(宇治川)으로 합류, 요도강(淀川)이 되어 오사카 앞바다로 흐른다. 이처럼 후시미는 앞이 툭 트인 개활 지대에 물길 또한 요리조리 연결되어 예전부터 교통의 요지로 유명했다. 특히 수로 교통의 요충지로 융성했던 곳이다. 이런 곳에 유명한 문화유적이 없다는 것은 말이 되지 않는다. 대체로 교토 시내 관광을 즐기다 보면 시간 제약 때문에 후시미 여행을 생략하는 편이다. 하지만 우리 역사와도 인연이 깊은 장소가 몇 군데 있으니 한나절 정도 시간을 내 후시미구 여행을 즐기자. 후시미 이나리타이샤에서 전철을 이용하여 후시미구 여행을 하려면, 게이한 전철이 편하다. 게이한 후시미이나리역에서 타서 네 정거장을 이동해 단바바시(丹波橋)역에서 내리자. 역 입구로 나가서 동쪽으로 방향을 잡아 긴 오르막길을 오르면 후시미성이 나온다. 첫 번째 후시미구 탐방지이다.

도요토미 히데요시가 말년에 축성한
후시미성

도요토미 히데요시는 오다 노부나가가 살해당한 이후 정권을 잡아 센고쿠 시대의 혼란을 평정하며 교토 시내에 상주할 집을 지어 주라쿠테이(聚樂第)라 했다. 이중의 성벽이 있었고 중심에는 덴슈카쿠(天守閣)를 세웠다. 또한 적들이 쉽게 침입하지 못하도록 성곽 주변을 해자로 빙 둘러 놓았기에 일반주택이라기보다는 성에 가까운 대저택이었다. 도요토미 히데요시는 지방 다이묘 세력을 거의 진압한 1587년부터 천황을 대신하여 국정을 책임지고 총괄하는 간바쿠로서 주라쿠테이에서 나랏일을 살폈다. 무장답지 않게 호사스런 생활을 즐겼는데, 주라쿠테이도 무척 화려했다.

그러나 도요토미 히데요시가 주라쿠테이에서 산 기간은 짧았다. 자식이 없다가 쉰이 넘어 겨우 얻은 아들 도요토미 쓰루마쓰(豊臣鶴松, 1589~1591)가 세 살 되던 해에 죽자, 조카 도요토미 히데쓰구(豊臣秀次, 1568~1595)를 양자로 들이고 1591년 말에 간바쿠직을 물려주었다. 그리고 후시미에 새 거처로 성을 축조했다. 후시미성(伏見城)이다. 그런데 조카에게 권력을 이양한 지 1년이 조금 넘은 1593년에 도요토미 히데요시에게 아들이 태어났다. 도요토미 히데요리였다. 자식이 태어나자 도요토미 히데요시는 크게 고민했다. 이미 나라의 실권을 조카에게 물려주었는데, 이번 생에는 없을 것 같았던 아들이 태어났으니 이걸 어쩌란 말이냐? 결국 있는 죄, 없는 죄를 죄다 갖다 붙여 도요토미 히데쓰구를 교토에서 멀리 떨어진 와카야마현(和歌山縣) 고야산(高野山)으로 추방했다. 그것도 모자라 할복 명령을 내려 자결시켰다. 피붙이를 후계자로 삼기 위한 피도 눈물도 없는 결정이었다. 그 당시 도요토미 히데쓰구는 스물여덟 살이었으며, 가족은 물론 측근들까지 모두 처형당했다.

이런 일련의 사건을 거치며 도요토미 히데쓰구가 잠시 정무를 봤던 주라쿠테이를 헐어 버리고 후시미성을 정치권력의 중심으로 삼기 위해 전국에서 인부 25만 명을 동원해 대대적인 공사를 벌였다. 후시미성은 1594년에 완공되었고, 이때부터 정치의 중심지는 후시미성이 되었다. 도요토미 히데요시는 죽을 때까지 후시미성에서 지내며 일본 정계를 이끌었다. 또한 도요토미 히데요시 사후 실권을 장악한 도쿠가와 이에야스도 여기서 쇼군 자리에 올라 대부분을 머물렀고 그의 후계자인 도쿠가와 히데타다도 후시미성에서 쇼군이 되었다.

후시미성은 우리 조상들과도 인연이 있다. 도쿠가와 이에야스는 정권을 잡은 후 조선 조정에 다시 교류를 시작하자는 국서를 보냈다. 이에 조선 조정은 일본 내부 정세도 파악할 겸 임진왜란 당시 승병을 이끌고 의병 활동을 전개했던 사명대사를 일본으로 보냈다. 1605년 3월, 사명대사는 후시미성에서 도쿠가와 이에야스를 만났다. 도쿠가와 이에야스는 사명대사에게 자신은 임진왜란에 참전하지 않았고 현재 일본을 이끄는 것은 조선과 원수진 일이 없는 자신이니 다시 교

후시미성

류를 했으면 좋겠다고 말했다.

　도쿠가와 이에야스의 말이 틀린 건 아니었다. 임진왜란 당시 도요토미 히데요시는 에도의 성주로 있던 도쿠가와 이에야스에게 1만 5천 명의 병사를 거느리고 조선 출병 거점지인 규슈의 나고야성으로 집결하라고 명령했다. 도쿠가와 이에야스는 쇼군의 명을 어길 수 없어서 그대로 받들었다. 그러나 정작 조선 출병 당시에는 후방 기지인 나고야성에 그대로 머물렀다. 도요토미 히데요시가 가까운 거리에 두고 견제하기 위해 후방에 주저앉힌 것이다. 그런데 이게 도쿠가와 이에야스 입장에서는 신의 한 수였다. 장기전이 되면서 조선에 간 다이묘들은 군사적으로나 재정적으로나 큰 낭패를 보았다. 반면 도쿠가와 이에야스는 병력과 자원을 고스란히 보전해 도요토미 히데요시 사후 도요토미 가문을 무너트릴 때 사용할 수 있었다.

　사명대사는 교류 재개는 앞으로의 태도에 달려 있다며 왜란 때 끌려온 조선 사람들의 귀환을 요청했다. 이에 도쿠가와 이에야스는 임진왜란 당시 일본으로 끌려와 있던 조선인 3천여 명 이상을 사명대사와 함께 조선으로 귀환시켰다.

　1617년에는 조선통신사의 전신격인 회답 겸 쇄환사가 일본에 파견되었는데, 이때 사절단을 이끌고 간 오윤겸 일행도 후시미성에서 당시 쇼군이었던 도쿠가와 히데타다와 양국 간의 문제를 논의했다. 한편, 징유재란 때 영광 앞바나에서 붙잡혀 일본으로 끌려간 선비 강항은 후시미성 아랫마을에 기거하며 승려였던 후지와라 세이카(藤原

惺窩, 1561~1619)에게 유학을 가르쳐 근세 일본 유학의 선구자로 키웠다.

오늘날의 후시미성이 예전 후시미성은 아니다. 에도 막부 제3대 쇼군 도쿠가와 이에미쓰의 취임식까지 여기서 하고 1623년에 성을 허물어 버렸다. 멀쩡한 성을 왜 헐었냐고? 일본은 우리나라나 중국과 달리 정권이 바뀌면 전임 정권의 거점 지역을 완전히 초토화시켰다. 그러면서 천황은 그대로 존속시켰다. 천황 가계가 고대부터 지금까지 단일 가계로 이어질 수 있던 배경이 여기에 있다.

그렇다면 후시미성의 잔재는 전혀 찾아볼 수 없을까? 그렇지는 않다. 일본 국보로 지정되어 있는 도요쿠니 신사의 당문(唐門)이 후시미성의 성문이었다고 한다. 도요토미 히데요시의 본부인인 네네가 도쿠가와 이에야스의 배려로 지은 고다이지에도 그 흔적이 남아 있다. 후시미성 해체 당시 다실을 비롯한 여러 전각을 고다이지로 가져가 재건축했다. 또한 도쿠가와 막부의 교토 거점지였던 니조조 축성에도 후시미성의 자재가 재활용되었다. 특히 후시미성의 랜드마크였던 덴슈카쿠는 그대로 옮겨 갔는데, 아쉽게도 1750년에 번개를 맞아 불타서 지금은 니조조 안에 축대만 남아 있다.

완전히 해체된 후시미성 부지에는 복숭아나무가 자랐다. 그래서 지금은 후시미란 본래 이름보다 복숭아 산이란 뜻의 모모야마(桃山)로 더 많이 알려져 있다.

현재 모모야마성 운동공원 안에 서 있는 후시미성 덴슈카쿠는

1960년대에 새로 만들어진 것이다. 따라서 도요토미 히데요시 시절에 축성된 후시미성과는 전혀 관련이 없다. 본래 후시미성은 대지가 굉장히 넓어 오늘날 메이지 천황의 무덤이 있는 곳까지 성곽 안이었으며, 그 흔적인 석단 일부가 천황의 무덤 동남쪽에 있는 모모야마히가시초등학교(桃山東小學校) 안에 남아 있다.

일본 근대화를 이끈
메이지 천황릉

후시미성에서 동남쪽으로 그리 멀지 않은 곳에 일본 제122대 천황이자 일본 근대화의 상징적 존재인 메이지 천황릉이 있다. 생김새는 우리나라 고대 왕릉처럼 큼지막한 원형 봉분이다. 그런데 특이하게도 잔디가 아닌 시멘트로 봉분 전체를 뒤덮었다. 아마 붕괴 위기에 놓였던 우리나라 익산 미륵사지석탑을 시멘트로 보수하며 당시의 최첨단 기술력을 자랑했던 것처럼 메이지 천황 무덤 역시 당시에는 최첨단 재료였던 시멘트를 사용함으로써 자신들의 기술력을 자랑하고 싶었던 것 같다. 그러나 자갈만 보이는 덩치만 큰 무덤은 왠지 황량해 보인다.

메이지는 연호이고 정식 이름은 무쓰히토(睦仁)다. 무쓰히토는 1867년 아버지 고메이 천황(孝明, 1831~1866)이 급사하자 15세의 어린 나이로 황위에 올랐다. 무쓰히토가 즉위할 무렵 일본 정세는 국내 외로 대단히 혼란스러웠다. 미국에 의해 반강제로 개방된 이후 서양 여러 나라와 불평등 조약을 체결해 서양에 대한 거부감이 컸으며, 이를 제대로 제어하지 못한 에도 막부에 대한 반발도 날이 갈수록 심해 지고 있었다. 이에 천황을 중심으로 서양 오랑캐들을 물리치자는 존황양이(尊皇攘夷) 운동이 번지고 있었다. 이 운동은 일본 본토의 서쪽 끝에 자리 잡은 조슈번이 이끌고 규슈 남쪽 끝에 있는 사쓰마번이 합류하며 에도 막부 타도 운동으로 이어졌다.

이처럼 정국이 혼란하던 1867년 1월 30일 무쓰히토가 즉위했다. 당시 사쓰마번과 조슈번은 힘을 합쳐 막부를 무력으로 제압할 생각 이었으나, 때마침 시코쿠에 있던 도사번이 하급 무사인 사카모토 료마의 '대정봉환론(大政奉還論)'을 번의 공식 입장으로 채택하며 약간 달라졌다. 대정봉환은 막부의 총 책임자 쇼군이 가지고 있던 정치 실권을 천황에게 반납하고 천황 중심으로 정치를 해나가자는 것이다. 일본 근대사의 흐름을 바꾼 매우 중요한 결정이었다.

1867년 사카모토 료마는 교토로 향하는 배 안에서 주군인 도사번 주 야마우치 요도(山內容堂, 1827~1872)에게 올릴 새로운 국가 건설에 대한 건의서를 작성했다. 일본 역사책에는 배 안에서 작성한 8가지 책략이라 해서 '선중8책(船中八策)'으로 나온다. 이 건의서의 핵심은 '막부가 정권을 조정에 반납하고 의회를 설치하여 대의민주정치를 시행하자'였다. 그 당시에는 누구도 생각하지 못한 절묘한 책략이었

메이지 천황릉

다. 무려 250여 년간 막강한 권한을 누려온 막부 입장에서는 기가 찰 노릇이었으나, 대정봉환론을 주장하는 세력을 힘으로 누를 만한 처지가 아니었다. 결국 1867년 11월 9일, 쇼군 도쿠가와 요시노부(德川慶喜, 1837~1913)가 정치적 실권을 조정에 반납하고 천황이 이를 허락함으로써 에도 막부 체제는 막을 내린다. 이후 도쿠가와 요시노부는 지지 세력을 활용해 정치적 재기를 노렸지만, 막부 체제를 끝장낸 막부 타도 세력은 무력을 동원해 교토 고쇼를 포위, 어린 천황으로 하여금 왕정 복고령을 내리게 하고 신정부 수립을 선언했다. 1868년 1월 3일이었다. 이 선언과 동시에 도쿠가와 요시노부의 관직 박탈과 영지 반납 조치가 내려졌다. 이에 반발한 막부 지지 세력이 전쟁을 일으켰으나 신정부군에게 패했다. 이후 국가의 모든 일은 천황을 앞세운 막부 타도 세력, 즉 메이지 유신을 성공시킨 유신파에 넘어갔다. 유신파는 치밀하게 일본 근대화를 추진하며 메이지 천황을 일본 발전의 상징적 존재로 삼았다.

메이지 천황은 1912년 7월 30일 59세로 세상을 떠났다. 사인은 앓고 있던 당뇨가 악화되며 나타난 요독증이었다. 어렸을 때 살았던 고향을 잊지 못한 수구초심(首丘初心)이었을까? 교토에 묻어 달라는 유언을 남겼다. 천황의 무덤이 교토 모모야마 산정에 있는 이유이다.

러일 전쟁의 영웅을 신으로 모신
노기 신사

메이지 천황릉에서 내려오다 보면 큰길에 노기 신사(乃木神社)를 안내하는 표지판이 있다. 이 안내판을 따라 조금만 들어가면 메이지 유신 시절의 군인 노기 마레스케(乃木希典, 1849~1912)를 신으로 모신 신사가 있다. 이 신사 외에도 일본 전역에 노기 마레스케를 모시는 노기 신사가 몇 군데 더 있다. 심지어 일제 강점기 시절에는 서울에도 노기 신사가 있었다.

서울 노기 신사는 남산 중턱 조선신궁 옆에 있었다. 현재 안중근 의사 기념관 위쪽에 있던 조선신궁은 일본 건국 시조인 아마테라스 오미카미와 메이지 천황을 합사한 신사였다. 조선총독부가 신사 내에 메이지 천황의 위패를 둔 게 1922년이었으니, 죽은 지 딱 10년만이었다. 그 후 1934년에는 지금의 사회복지법인 남산원(리라초등학교 뒤쪽)에 노기 신사를 세웠다. 도대체 어떤 인연이 있기에 메이지 천황과 노기 마레스케는 신으로 추앙되며 나란히, 격만 다르게 해서 모셔졌을까?

노기 마레스케는 조슈번 출신으로 메이지 유신이 단행될 때 정부군으로 참전해 막부를 타도하는 데 앞장선 인물이다. 또한 1904년 러일 전쟁 당시 제3군사령관으로 뤼순 전부를 지휘했다. 랴오둥반도 끝에 있는 뤼순은 청일 전쟁 후 러시아의 조차지였다. 일본 입장에서는 러시아군을 초토화시키고 만주를 일거에 장악하려면 뤼순이 꼭 필요했다. 노기 마레스케는 부하들을 독려해 육탄 공격을 되풀이한 끝에 난공불락의 요새라던 203고지를 함락시켰다. 13만 명의 병력으로 3차에 걸친 총공세를 시도해 사상자가 무려 5만 9천여 명에 달했다. 전사자 중에는 두 아들도 있었다. 병력 손실이 컸지만 일본은 뤼순을 점령했다. 이후 러일 전쟁의 주도권을 잡을 수 있었으며, 만주로 진출하는 교두보를 구축함과 동시에 우리 땅에서 독점적 지배권을 행사할 수 있었다. 이처럼 군인으로 출세한 노기 마레스케는 이후 일본 내에서 군사참의관, 학습원 원장 등을 지냈는데, 1912년 메이지 천황이 승하했다는 소식을 듣고 아내와 함께 동반자살했다. 일본인들이 보기에는 몸과 마음을 다 바쳐 평생을 모신 주군을 따라가겠다는 군인다운 행동이었다. 노기 마레스케의 이러한 삶에 감명받은 게이한 전기철도회사의 무라노 야마토(村野山人) 사장은 사재를 털어 천황릉 아래에 신전을 지어 신으로 추앙했다.

　현재 노기 신사 안에는 러일 전쟁 당시 유물들이 전시되어 있으며 노기 마레스케의 어린 시절을 추억하는 고향집도 복원해 놓았다. 또한 정원에 '충혼(忠魂)'이 새겨진 큰 비석이 있는데, 육군 대장 출신으로 1936년부터 1941년까지 조선 총독으로 재직하며 병참기지화 정책과 황국신민화 정책으로 우리 민족의 피를 빨아먹었던 미나미 지로(南次郎, 1874~1955)가 쓴 글씨다.

　메이지 천황릉이나 노기 신사는 교토 여행 중에 반드시 들러야 할 탐방지는 아니다. 그래도 혹시 역사에 흥미가 있어 가 볼 요량이면 노기 신사 충혼비 앞에서는 충혼의 의미를 따지기 전에 조선 침탈을 자행한 미나미의 행적을 따져 보자.

후시미 지역의
근대 유적들

노기 신사를 나와 후시미 지역의 근대 유적들을 둘러보자. 서쪽으로 방향을 잡아 게이한 전철 후시미모모야마역까지 20분 정도 걸어 내려가면 후시미 주민들이 많이 이용하는 시장 겸 아케이드 오테스지(大手筋) 상점가가 나온다. 이 상점가를 걷다 보면 교토의 다른 상점가와는 다른 점을 하나 발견할 수 있다. 유난히 술을 파는 가게가 많이 보인다. 후시미 지역은 예로부터 물이 맑고 좋아 사케를 만드는 주조장이 많았다. 지금도 23곳이나 된다.

겟카이칸 오쿠라기념관(月桂冠大倉記念館)은 우리나라에서도 유명한 사케 '월계관'을 만드는 회사에서 1909년에 세운 술 공장을 개조해 만든 박물관이다. 1982년에 개관했는데, 일본을 대표하는 사케 주조장인 월계관의 역사뿐 아니라 후시미 지역의 양조 역사, 일본 술의 역사와 문화, 사케 만드는 법 등을 다양하게 소개하고 있다.

기념관을 나와 뒤편으로 가면 우지강으로 연결되는 수로에 유람

노기 신사
사카모토 료마와 부인 오료의 동상

선이 떠 있다. 이 일대에는 메이지 시대까지만 하더라도 '천하의 부엌'으로 알려진 오사카를 오가는 배들이 화물과 사람을 내리던 선착장이 있었다. 오사카에 집결된 물산들은 수도인 교토로 대량 유입되었는데, 지금이야 육로가 발달해서 화물차나 열차로 운송하는 것이 여러모로 편하지만 메이지 시대 전까지만 해도 육로보다는 수로 운송이 편했다. 그 시절에 오사카에서 화물과 사람을 가득 실은 배가 요도강을 거슬러 올라와 우지강으로 들어온 뒤, 최종적으로 후시미 인공 수로에 마련된 선착장에 배를 댔다. 이때 주로 30석을 실을 수 있는 중형 배가 오사카와 후시미 사이를 오갔다.

유량이 많은 요도강이나 우지강은 무게가 꽤 나가는 30석 정도의 화물을 실은 배를 띄울 수 있었지만, 교토 시내까지는 30석 배가 들어가기 힘들었다. 왜냐고? 교토의 가모강과 기쓰라강이 개울 수준이어서 화물을 가득 실은 배가 시내까지 강물을 거스르며 올라갈 수 없었다. 그래서 후시미 선착장에 짐을 풀면 교토 시내까지는 수레나 등에 지고 운반해야 하는 불편이 있었다. 때마침 이 과제를 해결하는 사람이 나타났으니, 에도 막부 초기의 거상 스미노쿠라 료이였다. 그는 가모강의 물을 끌어들여 니조도리부터 후시미까지 인공 운하를 팠다. 이렇게 해서 만들어진 운하가 다카세가와(高瀬川)다. 수로 이름을 다카세가와라 붙인 이유는 수로의 수심이 낮아서 바닥이 평평한 '다카세부네(高瀬舟)'라는 배가 화물을 실어 나른 데서 유래했다. 운하가 번창했던 시절에는 10석 다카세부네가 100척 이상 오르내리며 오사카 등지에서 들어온 물자들을 교토 시내 곳곳에 실어 날랐다. 하지만 교통로 발달에 따라 큰길들이 뚫리고 철도도 개설되며 운하의 효용성이 날이 갈수록 줄어들어 1920년에는 더 이상 운하로 배가 오가지 않게 되었다.

다시 후시미 선착장 이야기로 돌아가자. 겟카이칸 오쿠라기념관 뒤편으로 흐르는 물길도 인공 물길이다. 우지강에서 들어오는 배들이 이 일대 어디에선가 화물을 풀어놓았다. 그러나 그 선착장은 매립되어 사라졌고, 지금은 기념관 뒤편 작은 선착장에서 10석 화물을 싣고 다닌 다카세부네를 본뜬 유람선이 관광객을 상대로 영업을 하고 있다. 약 1시간 정도 운하를 돌며 유람하나 평소에는 권하고 싶지 않다. 햇살만 따갑고 별로 볼 게 없다. 하지만 벚꽃 피는 봄이라면 발품을 팔더라도 반드시 이곳을 찾아가서 유람선을 타라고 권한다. 운하 주변이 오래된 벚나무가 늘어선 벚꽃 명소이다. 벚꽃 가지가 손에 잡힐 듯이 흐드러지게 늘어진 물길을 배를 타고 즐기는 맛이 아주좋다. 딱히 배를 타지 않더라도 벚꽃철에는 후시미 지역을 꼭 방문하자. 수로 주변으로 길게 펼쳐진 벚꽃길이 절경이다.

수로를 따라 서쪽으로 방향을 잡아 조금 내려가면 교바시(京橋)가 나온다. 이 다리 아래에 대형 유람선을 탈 수 있는 선착장이 있다. 여기에 동상 하나가 있는데 사카모토 료마와 부인 오료(お龍, 1841~1906)의 상이다. 일본 근대화 시기의 풍운아이자 메이지 유신의 최대 공로자답게 사카모토 료마는 교토를 여러 번 오가며 생각이

다른 여러 번 사이에서 나라의 미래를 위해 서로 뭉치자며 거중 조정을 시도했다.

사카모토 료마는 일본 열도를 구성하는 4개의 주요 섬 중에서 가장 작은 섬인 시코쿠에 있는 도사번 출신이었기에 교토에 오려면 시코쿠에서 배를 타고 출발해 오사카항에 도착한 후, 30석 다카세부네를 타고 요도강을 거슬러 올라와 후시미에 당도해야 했다. 오사카에서 교토에 볼 일이 있는 사람은 대체로 료마처럼 요도강을 오가는 배를 타고 들어와야 했다. 자연스레 후시미 선착장 주변에는 여행객을 위한 여관이 많이 생겼다. 그중 한 곳이 지금도 영업을 하고 있는 선숙(船宿) 데라다야(寺田屋)다. 선숙은 항구나 포구에 입항하는 선박의 승무원을 비롯한 손님들이 묵는 여관이다.

1866년 사카모토 료마는 적대 관계였던 사츠마번과 조슈번을 중재해 삿초동맹을 맺게 한 다음 날 데라다야에 투숙했다. 이때 막부를 지지하는 후시미봉행소 무사들이 료마를 죽이려 했다. 습격대가 오는 인기척을 느낀 오료가 1층 목욕간에서 목욕을 하다가 옷도 걸치지 않고 2층에 있던 료마에게 알렸다. 료마는 격투 끝에 간신히 피신하여 목숨을 구할 수 있었다. 이를 기억하기 위해 사카모토 료마와 오료를 데라다야가 있는 건너편 선착장 공터에 동상으로 만들어 세워 놓았다.

선착장 동상이 있는 곳에서 물길 건너 반대편에 데라다야가 있다. 이 여관에서는 에도 막부 말기에 큰 사건이 두 번 일어났다. 1862년

서양 세력을 배척하고 천황을 숭배하는 존황양이파가 쇄국을 버리고 개항하자는 사쓰마번 무사 9명을 암살했다. 그리고 두 번째가 료마 암살 미수 사건이다. 데라다야는 현재 유료로 실내 관람을 할 수 있게 데라다야 사건과 관련된 각종 자료를 실내에 전시하고 있으며, 하룻밤 묵고 싶으면 숙박할 수도 있다. 출입문 옆에 크게 부착되어 있는 '旅籠(여롱)'은 일본어로 '하타고'라고 하는데, 여관을 뜻한다. 본래는 말을 타고 여행할 때 사료를 넣고 다니는 바구니를 하타고라 했으나, 언제부턴가 식량을 넣는 그릇으로 바뀌게 되었고 나중에는 여관에서 나오는 식사의 의미를 띠며 '식사를 제공하는 여관'을 하타고라 부르게 되었다. 그러니까 숙박업소에 '旅籠'이 쓰여 있으면 묵는 동안 식사가 제공되는 숙소라고 생각하면 된다. 현재 데라다야가 있는 장소가 료마 암살 미수 사건이 벌어진 곳은 아니다. 본래 데라다야는 지금 위치에서 조금 더 남쪽에 있었다.

교바시는 1868년부터 1년에 걸쳐 일본 전역에서 벌어진 내전인 무진(戊辰)전쟁의 발단이 된 도바·후시미 전투(鳥羽·伏見の戦い)의 격전지 중 하나이다. 1868년이 무진년이어서 무진전쟁, 일본어로는 보신전쟁이라 하는 이 싸움은 왕정복고인 대정봉환을 통해 성립된 신정부가 구체제를 유지하려는 막부의 잔당들을 평정한 전쟁이다. 전쟁의 시작은 교토로 진격하던 막부군을 교토 남쪽 지역인 도바와 후시미 일대에서 신정부군이 공격하면서 벌어졌다. 그리고 포병 전술을 적절히 활용하여 싸운 신정부군이 이겼다.

헤이안 시대에 지어진 명찰
도지

교토역 근처에는 도지(東寺)와 라조몬(羅城門) 터가 있다. 도지는 헤이안쿄를 세울 때 남쪽 성곽의 출입문인 라조몬의 동쪽에 세운 절이다. 도지에서 서쪽으로 10분 정도 걸어가면 라조몬 터가 있고, 거기서 또 10분 정도 걸어가면 사이지(西寺) 터가 나온다.

간무 천황은 새 도읍을 만들며 귀족들이 도성 안에 사사로이 절을 짓는 것을 금지했다. 간무 천황이 수도를 헤이안쿄로 옮긴 주요 이유는 귀족과 불교 세력의 비대화로 국가를 다스리기 힘들었기 때문이다. 그래서 그랬는지는 몰라도, 간무 천황은 헤이안쿄를 세우며 절은 딱 두 곳, 남대문인 라조몬 좌우로 도지와 사이지만 두었다. 하지만 사이지는 폐사되었고, 현재는 도지만 남아 구조도리와 함께 헤이안쿄의 남쪽 외곽지대가 어디까지였는지를 증명하고 있다.

도지를 짓기 시작한 시기는 교토로 도읍을 옮긴 지 2년 뒤인 796년이었다. 정식 이름은 교오고코쿠지(教王護國寺)이며, 밀교를 일본으로 들여온 고보대사 구카이 스님이 주지로 임명되며 진언종 사찰로 거듭났다. 지금도 진언종 대본찰로 큰 위상을 지니고 있다. 절 내에는 관심을 가지고 볼 만한 문화유산 두 가지가 있다.

첫째는 강당(講堂) 안에 있는 부동명왕상(不動明王像)이다. 일본에서 가장 오래된 부동명왕상으로 두 눈을 치켜뜨고 있는 모습이 매우 험악하다. 그런데 머리는 애교머리 스타일이다. 밀교에서 주불로 모시는 불상은 비로자나불(毘盧遮那佛)이다. 진언종에서는 비로자나불을 '대일여래(大日如來)'라고 별도로 부른다. 한데 대일여래의 온화한 모습으로는 믿음이 약한 중생을 부처님께 귀의시킬 수 없어서 무서운 마귀 모양으로 변신시켜 중생 교화에 나섰다. 이 모습, 즉 대일여래가 악귀로 변신한 모습이 도지 강당에 앉아 있는 부동명왕상이다. 자비를 최고 덕목으로 삼고 대중 교화에 힘쓰는 종교가 불교인데, 왜 일본에서는 악귀 같은 모습을 한 명왕상을 중시할까? 아마도 우리에게는 없는 원령(怨靈)에 대한 관념이 일본 사람들 마음속에 고대 시대부터 지금까지 쭉 있기 때문일 것이다. 이 불상은 우리나라 절에서는 찾아보기가 쉽지 않다. 반면 일본에서는 대부분의 절에 한 점 정도는 있다.

도지에서 볼 만한 두 번째 문화재는 오중탑이다. 절을 만들 당시에 세워졌으나 여러 번 화재를 당해 현재 있는 탑은 1644년에 중건된 것이다. 높이 54.8미터로 교토는 물론 일본에 세워진 목조탑 중에서 가장 높은 탑이다.

만약 교토 여행 기간에 21일이 끼어 있다면 도지에 가 보자. 매달 21일 경내에 매우 큰 벼룩시장이 선다. 21일에 개최하는 이유는 일본 진언종의 개창자이자 도지 발전의 원조격인 고보대사 구카이 스님이 835년 3월 21일에 사망했기 때문이다. 14세기 무렵부터 도지 앞에서 차 한 잔에 1전씩 받는 간이 찻집이 열리더니, 17세기에 들어서는

도지 오중탑

지금과 같은 벼룩시장으로 발전해 고보대사가 세상을 떠난 날에 시장이 열렸다. 그래서 이 시장을 교토 사람들은 '고보상(弘法さん)', 즉 '고보 씨'라고 친근하게 부르기도 한다. 특히 12월 21일은 1년 중 마지막 장이자 가장 크게 서는 장으로 특별히 '시마이 고보상(終い弘法さん)'이라 부른다. '아듀 고보 씨' 정도로 해석하면 될 것 같다.

세계 어느 벼룩시장을 가도 다 그러한 것처럼 골동품, 고서적, 도자기를 비롯하여 일상생활용품까지 다양한 물건이 매매되고 있다. 주의할 점은 고가의 물건을 사려면 반드시 꼼꼼하게 따져 봐야 한다. 전시된 골동품들이 오래된 진품처럼 보이지만 대부분이 정교하게 복제한 복제품이다. 이 점 꼭 유의하자.

헤이안 시대의 남대문
라조몬 터

도지에서 구조도리를 따라 10분쯤 걸으면 야토리 지조우손(矢取 地藏尊), 화살을 잡은 지장존을 모신 조그만 절이 나온다.

전설에 의하면 도지에 사는 고보대사 구카이 스님이 옆 절의 승려와 법력을 겨루었는데, 구카이 스님이 이겼다. 분함을 느낀 상대 스님이 활을 쏘아 구카이 스님을 해치려 했다. 그런데 지장보살이 대신 화살을 맞았고, 이후 사람들은 이 지장을 '화살 맞은 지장님'이라 부르며 라조몬이 있던 터에 사당 같은 절을 세워 모셨다.

지장존을 모신 절 옆에 원형으로 된 나성문적(羅城門跡)이라고 쓰인 자그마한 표지석이 있는 듯 없는 듯 서 있다. 이 표지석을 보며 안으로 들어가면 작은 어린이 놀이터가 나온다. 이곳에 헤이안 시대 교토의 남대문 라조몬이 세워져 있었다. 문의 폭은 47미터, 높이는 23미터, 2층 누각으로 지어진 대형 문이었다. 일본의 절 대문으로는 가장 크다는 교토 지온인 삼문이 길이 50미터, 높이 24미터 정도 되니 라조몬도 이 절의 삼문만큼이나 크고 당당했던 것이다.

성문이 없어진 것은 아주 오래전이다. 816년에 태풍을 만나 무너져 버렸다. 이내 새로 지었지만, 980년에 폭우가 쏟아지며 다시 붕괴했다. 하지만 이 당시에 이미 우쿄인 장안성은 잦은 홍수로 인해 제 기능을 발휘할 수 없었다. 그러다 보니 라조몬도 남대문으로써의 기능을 다할 수 없었고, 결국 더 이상 라조몬을 재건하지 않고 방치해 버렸다. 라조몬 자리라고 증명해 주던 주춧돌은 그나마 오래 남아 있었으나, 이마저도 1023년 호조지(法性寺)를 지을 때 전부 가져가 버렸다. 오늘날 라조몬의 흔적을 현장에서 전혀 찾아볼 수 없는 이유이다.

라조몬이 어떻게 생긴 문인지 궁금하다면 교토역 광장 동편으로 가면 된다. 그곳에 10분의 1로 축소된 라조몬 모형이 있고 영상으로 제작된 라조몬도 볼 수 있다.

교토 걷기 여행 6일째! 교토 시내를 걸어 보자.

도시샤 대학 교정에 민족시인 윤동주와 정지용의 시비가 있다.

길 건너에는 교토 고소가 있다. 수도가 도쿄로 옮기기 전까지 일
본 천황이 살았던 곳으로 궁궐 주변 일대는 산책하기

좋은 공원 교토 교엔이다. 벚꽃 피는 봄철에는 눈이 황홀해진다.

걷다가 배가 출출해지면 니시키 시장으로 가자.

교토에서 가장 번화한 거리인 데라마치도리와 닿아 있는

재래시장으로 400여 년 동안 교토의 부엌을 책임지고 있는 곳이다.

좁은 골목 양쪽으로 400미터 정도 150여 가게가 영업하고 있기에

한 끼 식사는 충분히 해결할 수 있다.

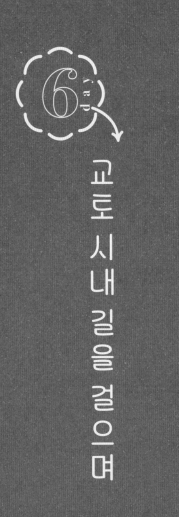

DAY 6

교토 시내 길을 걸으며

① 쇼코쿠지
② 윤동주·정지용 시비
③ 교토 고쇼와 교토 교엔
④ 니조조
⑤ 신센엔
⑥ 니시키 시장
⑦ 니시키덴만구
⑧ 데라마치도리
⑨ 혼노지
⑩ 다카세가와 주변 유적들

무로마치 막부 시대
최고의 절 **쇼코쿠지**

교토 시내 북쪽에 자리 잡고 있는 쇼코쿠지(相国寺)는 임제종 쇼코쿠지파의 대본산이다. 무로마치 막부의 제3대 쇼군 아시카가 요시미쓰의 후원 아래 1382년부터 짓기 시작하여 10년 만인 1392년에 완공되었다. 정식 이름은 '만넨잔쇼코쿠조텐젠지(萬年山相國承天禅寺)'로, 우리말로 풀어쓰면 '하늘로부터 이어받은 상국의 선종 사찰'이라 할 수 있다. 아시카가 요시미쓰가 쇼군 자리와 함께 겸직했던 '좌대신'을 중국에서는 '상국'이라 했기에 붙여진 이름이다.

쇼코쿠지 개창에 든든한 후원자 역할을 했던 아시카가 요시미쓰는 무로마치 막부의 전성기를 열었던 유능한 쇼군이었다. 1368년 열한 살의 어린 나이에 쇼군이 되어 초기에는 관령인 호소카와 요리유키(細川賴之, 1329~1392)의 지원을 받아 막부를 이끌었지만, 1379년부터는 직접 막부를 이끌며 리더십을 발휘했다. 아시카가 요시미쓰는 먼저 지방의 큰 영주 세력인 슈고 다이묘들을 하나둘 굴복시키며 정치를 안정시켰고, 조정의 일을 담당하는 공가(公家)들의 몫이었던 좌대신을 겸임하며 무가와 공가 전체를 자신의 지배하에 두었다.

어린 나이에 쇼군이 되어 젊은 시절부터 막강한 권한을 누렸던 아시카가 요시미쓰는 선종 계통 승려 슌오쿠 묘하(春屋妙葩, 1311~1388)를 스승으로 모시고 있었다. 묘하는 아라시야마에 있는 명찰 덴류지를 개창한 무소 소세키 국사의 조카이자 수제자로 당시 난젠지 주지로 있으면서 선종 불교를 이끌고 있었다. 1382년 묘하는 부처님의 은덕에 보답할 방안을 묻는 아시카가 요시미쓰에게 덴류지나 난젠지에 버금가는 대사찰을 지을 것을 권했다. 아시카가 요시미쓰는 묘하의 제안을 받아들여 서쪽으로는 자신의 거처와 담장을 맞대고, 남쪽으로는 천황이 사는 교토 고쇼와 맞닿은 부지 면적만 약 144만 평에 달하는 대형 사찰 쇼코쿠지를 건립했다. 절 담장을 따라 보통 걸음으로 1시간 남짓 걸어야 될 넓이다. 메이지 유신 이후 신불분리령으로 인해 규모가 완전히 축소되는 바람에 지금은 4만 평 정도에 불과하지만, 예전에는 현재의 도시샤대학교는 물론 서쪽으로 난 큰 도로인 가라스마도리(烏丸通り) 건너까지도 쇼코쿠지 영역이었다고 한다.

쇼코쿠지는 여러 번 불에 타 재건을 반복했는데, 특히 교토를 불바다로 만든 오닌의 난 당시 큰 피해를 입었다. 당시 동군 사령부가 쇼코쿠지에 진을 치고 있었는데, 서군의 급습으로 치러진 쇼코쿠지 전투 당시 전각 전체가 불에 타 버렸다. 이후 도요토미 히데요시의 후원으로 전각을 다시 지으며 비록 전성기 시절만은 못하지만 대형 사찰로서 오늘날에 이르고 있다.

연륜 있는 절답게 쇼코쿠지에는 자랑거리가 많다. 첫 번째는 교토 선종 5산 중 제2위의 절이라는 것이다. 5산 제도는 중국 남송 시대에 만들어진 것이다. 남송은 관직 체제를 정비하면서 사원 제도도 함께 정비했는데, 이때 선종 사찰 5개에 순위를 매기고 이를 5산 제도라 했다. 이 제도를 가마쿠라 막부가 도입하여 가마쿠라와 교토 지역 선종 사찰의 등급을 매기는 데 활용했다. 뒤이어 무로마치 막부도 교토 5산을 지정했는데, 아시카가 요시미쓰는 본인의 발원으로 건립 중인 쇼코쿠지를 교토 5산 안에 꼭 넣고 싶어 한 나머지 꼼수를 부렸다. 제1위 절인 난젠지를 등급이 없는 최고의 절에 해당하는 '5산지상'으로 삼고 그 밑으로 덴류지, 쇼코쿠지, 겐닌지, 도호쿠지, 만주지를 두었다. 그러다 보니 교토 5산은 5개 절이 아닌 6개 절로 구성되었다. 여기서 의문점이 하나 생긴다. 기왕에 부린 꼼수, 왜 쇼코쿠지를 제1위 절로 하지 않았을까? 아마 아시카가 요시미쓰는 그렇게 하고 싶었을 것이다. 하지만 무소 국사가 개창한 덴류지를 뛰어넘어 1위 절로 하기에는 무리가 따랐다. 그렇다고 다른 절이 무로마치 시대에 쇼코쿠지의 위세를 뛰어넘을 수 있었냐 하면 그건 또 아니다. 난젠지, 덴류지도 쇼코쿠지에 비하면 새 발의 피였다. 전국 선종 사찰의 주지 임명권을 가진 승록사(僧錄司)가 쇼코쿠지 내에 있었으며, 명나라나 조선에 보내는 외교 문서를 작성하는 임무도 쇼코쿠지 승려들이 담당했다.

두 번째는 1399년에 7년여의 공력을 들여 건립한 7층탑으로 높이가 108미터였다. 이 7층탑은 1403년 천둥 번개로 인해 불타 버려서 그렇지 1929년에 요사미(依佐美) 송신소 철탑이 세워지기 전까지 무려 500여 년 이상 일본 내 최고 높이의 인공구조물 자리를 지켰다.

세 번째 자랑거리는 쇼코쿠지의 본전 건물인 법당이다. 도쿠가와 이에야스 집권 시절인 1605년에 만들어진 전각으로 현재 일본에서 가장 오래된 법당이다. 법당 안 천장에는 용이 그려져 있다. 용 밑에서 손뼉을 치면 그 소리가 반사되어 넓게 울려 퍼진다고 한다. 그래서 '우는 용'이라는 별명을 가지고 있다. 에도 시대 일본 미술을 주도한 가노파(狩野派)의 시조 가노 에이토쿠(狩野永德, 1543~1590)의 장남이자 후계자였던 가노 미쓰노부(狩野光信, 1565~1608)가 그린 용이다.

네 번째는 절 내 조텐카쿠미술관에 보관되어 있는 유물들이다. 일본 국보 5점, 중요문화재 143점이 있다. 금각사나 은각사도 쇼코쿠지의 말사여서 이들 절의 주요 유물도 조텐카쿠미술관에 보관되어 있다.

도시샤대 교정의
윤동주·정지용 시비

쇼코쿠지를 나오면 담장을 맞대고 있는 도시샤대(同志社大)로 가 보자. 쇼코쿠지에서 교토 고쇼(京都御所) 쪽으로 방향을 잡아 걸어 나오면 도시샤대 정문이 바로 보인다. 민족 시인 윤동주와 정지용의 시비가 있는 곳을 쉽게 찾아가려면 담장을 타고 쭉 내려와 서문으로 들어가는 게 좋다. 서문 진입로로 들어서면 우측에 예배당이 보인다. 이 건물 옆에 있는 고색창연한 삼각형 박공지붕을 한 건물이 해리스 이화학관(Harris Science Hall)이고, 이 건물 벽에 기대어 윤동주와 정지용 시인의 시비가 나란히 서 있다.

윤동주는 일제 강점기 시절에 만주 독립운동의 거점 역할을 했던 명동촌에서 태어났다. 1899년 민족 선각자 김약연이 일제의 간섭이 날이 갈수록 심해지자 민족 인재 양성을 위한 공동체를 꾸리기 위해 142명의 이주민을 데리고 두만강을 건너서 꾸린 마을이다. 동네 이름을 명동(明東)이라 한 이유는 '동쪽, 즉 조선을 밝힌다'는 의미였으며, 이는 곧 기울고 있는 조국의 미래를 밝히는 등불이 되고자 하는 간절한 소망이 담겨 있다. 이런 마을에서 자란 윤동주이기에 민족의식은 어릴 때부터 자연스럽게 길러졌으며, 살아온 인적·물적 환경이 민족애 가득한 시를 쓰게 했다.

윤동주는 연희전문학교를 졸업하고 이듬해인 1942년 도쿄의 릿

쿄대(立敎大) 영문과에 입학했다. 1학기만 마치고 도시샤대로 옮기지만 졸업은 하지 못했다. 교토로 온 이유는 고종사촌이자 평생 친구인, 당시 교토대에 다니고 있던 송몽규의 영향이 컸으리라 짐작된다.

1943년 7월, 윤동주는 암암리에 독립운동을 했다는 이유로 송몽규와 함께 일본 경찰에 체포되어 3년 형을 선고받고 후쿠오카형무소에 수감되었다. 그리고 안타깝게도 1945년 2월 16일에 29세의 젊은 나이로 형무소에서 사망했다.

윤동주 시비는 교토에만 3개가 있다. 도시샤대에 서 있는 시비는 대표작인 「서시」가 새겨진 것으로 서거 50주년이 되던 해인 1995년 2월 16일에 도시샤교우회 코리아클럽이 주도하여 세웠다. 검은 돌에 원고지에 썼던 친필을 그대로 옮겨 새겼다. 다른 하나는 교토조형예술대 다카하라(高原) 캠퍼스에 있는데, 윤동주가 살았던 하숙집 터다. 도시샤대 후배였던 도쿠야마 쇼초쿠(德山詳直, 1930~2014) 교토조형예술대 이사장이 하숙집 터를 사들여 세웠다. 세 번째 시비는 윤동주가 일본 경찰에 의해 체포되기 직전에 대학 친구들과 야유회를 갔던 우지의 우지강 자락에 서 있다.

「향수」로 잘 알려진 정지용 또한 도시샤대 영문과 출신이다. 고향인 충북 옥천의 돌로 만든 시비는 2005년 12월 18일에 제막했다. 1924년에 쓴 시 「압천(鴨川)」이 새겨져 있는데, 압천은 도시샤 캠퍼스에서 동쪽 가까이에 있는 가모강의 한자 표기이다.

윤동주와 정지용 시인이 다닌 도시샤대는 본래 쇼코쿠지 터였

정지용 시비
윤동주 시비

다. 에도 막부 말기에 사쓰마번이 쇼코쿠지로부터 토지를 임대받아 교토 저택을 지었는데, 메이지 시대에 폐번치현으로 번이 해체되며 교토부가 수용했다. 이 땅을 도시샤대의 설립자 니지마 조(新島襄, 1843~1890)가 매입해 진보적 학풍을 지닌 대학으로 탈바꿈시켰다.

윤동주 연구자들에 의하면, 기독교인이었던 윤동주가 도시샤대를 택한 건 독특한 학풍 때문이었다고 한다. 설립자 니지마 조는 스물한 살때 정부의 해외여행 금지 조치를 무시하고 미국으로 건너갔다. 그는 10년간 미국에서 생활하며 평등·자유·인권에 눈뜨고 기독교 신앙을 받아들였다. 고국으로 돌아온 뒤에는 도시샤대의 전신인 도시샤 영학교를 설립했다. 도시샤(同志社)는 '뜻을 같이 하는 자(同志)가 만드는 결사체(社)'를 의미한다. 정지용 때문에 윤동주가 도시샤대를 선택했다는 설도 있다. 윤동주는 서울 연희전문학교에 다닐 때 정지용 시집이 발간되자마자 직접 구입해 옆구리에 끼고 다니며 수시로 읽을 정도로 정지용의 시를 좋아했다고 한다. 이처럼 서로 인연이 깊은 두 시인이니 도시샤대 교정 시비에 새겨진 작품을 함께 감상해 보자.

천황이 살았던 궁궐
교토 고쇼와 교토 교엔

윤동주와 정지용의 시비 앞에서 두 시인을 추모했다면, 도시샤대 정문으로 방향을 잡아 붉은 적벽돌로 단장한 캠퍼스를 살피며 교토 고쇼(京都御所)로 가자. 정문 앞에서 길을 건너면 교토 고쇼다.

고쇼(御所)는 우리 식으로 표현하면 경복궁과 같은 궁궐이다. 교토가 수도가 된 794년에 만들어진 고쇼는 지금의 고쇼보다 서쪽으로 2킬로미터 떨어진 곳에 있었다. 애당초 설계된 수도의 북쪽 정중앙이었다. 나라를 다스리는 왕은 북쪽에서 남쪽을 보며 통치하는 것이 '동양적 제왕관'이었다. 그래서 우리나라도 중국도 왕이 사는 궁궐은 북쪽 중앙 지대에 위치한다. 그런데 본래의 교토 고쇼는 주작대로 서쪽인 장안성 쪽이 잦은 홍수로 황폐해져 도성의 정중앙이 되지 못했기 때문에 부득불 동쪽으로 이동하여 다시 세웠다. 이후 이 궁궐에서 도쿄로 수도를 이전한 1869년까지 약 550여 년 동안 천황들이 거주했다.

고쇼의 크기는 동서 700미터, 남북 1,300미터 정도로 역대 천황들의 즉위식이 열렸던 정전인 시신덴(紫宸殿)을 필두로 세이료덴(淸凉殿), 고고쇼(小御所), 오쓰네고덴(御常御殿), 기요덴(宜陽殿) 등과 함께 중앙 관료와 귀족들의 저택이 함께 들어서 있었다. 고쇼 내에서 가장 눈길을 끄는 건물은 시신덴이다. 경복궁으로 치면 왕의 집무 공

고쇼
교엔

간인 근정전(勤政殿)에 해당하는 전각이다. 1868년 3월 14일, 메이지 천황은 이 시신덴에서 여러 대신과 다이묘를 거느리고 하늘과 땅의 신에게 고하는 '5개조 어서문(五箇條御誓文)'을 발표했다.

1. 널리 회의를 열어 공론에 따라 나라의 정치를 한다.
2. 상하가 마음을 합쳐 국가정책을 활발하게 펼친다.
3. 중앙 관리, 지방 무사가 하나가 되고 서민에 이르기까지 각자 뜻한 바를 이루어 불만이 없도록 한다.
4. 옛날부터 내려오는 낡은 관습을 깨뜨리고 천하 공론에 따른 정치를 한다.
5. 지식을 세계에서 구하여, 황국의 기반을 크게 진작시킨다.

어느 왕이나 발표할 수 있는 개혁 요강 같지만, 이 발표문이 바로 일본 근대화의 시작인 메이지 유신의 출발을 알리는 선언서였다.

세이료덴은 천황 가족이 살았던 생활공간으로 경복궁으로 치면 강녕전(康寧殿)에 해당한다. 고쇼는 메이지 유신이 논의된 현장이다. 1867년 12월 9일 밤, 여기서 왕정복고 모의가 이루어졌다.

그런데 도쿄로 수도가 옮겨 가면서 고쇼는 급격히 황폐해졌다. 특히 주변에 들어서 있던 공가들의 집이 폐허로 변했다. 이를 안타까워한 쇼와 천황은 고쇼가 제대로 보전될 수 있게 대책을 마련하라고 지시했다. 이에 1949년 궁궐만 놔두고 주변에 있던 공가들의 집을 모두 없애 부지 전체를 공원으로 조성했다. 교토 교엔(京都御苑)이다.

　교엔 안에 있는 궁궐, 즉 고쇼는 여러 번 불이 나 재건축을 해야 했으며 현재 남아 있는 대부분이 1855년에 헤이안 시대 건축양식으로 재조성한 전각들이다. 지금도 천황을 비롯한 황실 사람이나 국빈이 교토를 방문할 때 영빈관으로 사용하고 있다. 실제 사용 기간은 연중 2~3일에 불과하지만 말이다. 공원으로 조성된 교엔은 개방되어 있어서 언제든지 출입할 수 있지만, 교엔 내의 고쇼는 사전 신청자에 한하여 관람을 허용한다. 온라인 예약 신청을 하면 좀 더 편하게 관람할 수 있지만, 현장에서 여권을 제시하면 입장 가능하다. 다만 한정된 인원을 대상으로 하루 8차례 정도 가이드 투어를 하니, 사전 예약자가 많으면 현장 접수는 안 될 수도 있다. 가이드 투어는 영어와 일본어로 나누어 진행되는데, 일본어 투어를 신청할 경우 한국어 오디오 안내 서비스를 받을 수 있다.

에도 막부의 교토 거소
니조조

교토 고쇼에서 그리 멀지 않은 남서쪽 대각선상에 거대한 성 하나가 자리 잡고 있다. 도쿠가와 이에야스가 축조한 니조조(二条城)다. 도요토미 히데요시 가문을 멸절시키고 천하통일의 위업을 달성한 도쿠가와 이에야스는 오늘날의 도쿄인 에도에 막부를 개설하고 천황이 살던 교토를 방문할 때 머물기 위해 이 성을 지었다. 명분은 '고쇼에서 가까운 곳에서 황실을 수호하겠다'였으나 속셈은 따로 있었다. 위엄 있고 화려한 성을 지어 쇼군 가문의 위상을 천하에 과시함과 동시에 교토 고쇼 지근거리에서 천황 세력을 감시하기 위해서였다.

니조조는 6미터 높이로 단단하게 쌓아 올린 성곽이 남북으로 360미터, 동서로 480미터 정도 된다. 성곽 둘레에는 폭 13미터, 깊이 19미터의 해자를 구축해 놨다. 성 내부는 크게 세 영역으로 나누어져 있다. 니노마루고텐(二の丸御殿)과 혼마루고텐(本丸御殿), 그리고 정원 니노마루테이엔(二の丸庭園)·혼마루테이엔(本丸庭園)·세이류엔(淸流園)이다.

니노마루고텐은 무가풍 서원 건축 양식을 대표하는 건축물이다. 도쿠가와 이에야스가 정치적 실권을 완전히 장악하는 1603년에 지어져 현재 일본 국보로 지정되어 있다. 위에서 전각을 내려다보면 기러기 떼가 대형을 이루며 날아가는 형태인데, 서로 다른 높이의 건물 6채가 복도로 연결되어 지그재그로 배치되어 있다. 이 중 역사적으로 가장 의미 있는 장소는 오히로마(大廣間)다. 총 6개의 방으로 구성된 이 전각의 이치노마(一の間)가 쇼군의 집무실이었다. 이치노마에는 쇼군의 집무 광경을 실물 크기 인형으로 배치해 놨는데, 다이세이호칸(大政奉還) 당시의 모습을 재현해 놓은 것이다. 다이세이호칸은 쇼군이 통치권을 천황에게 반환한 사건으로, 1867년 10월 15일 에

니조조 해자

도 막부의 제15대 쇼군이자 마지막 쇼군인 도쿠가와 요시노부는 이치노마에서 40명의 막부 관료들과 마지막 회의를 한 후 통치권을 천황에게 넘겼다. 이로써 도쿠가와 가문이 이끈 에도 막부가 265년 만에 막을 내리며 일본은 천황 중심의 근대국가로 나아갔다.

니노마루는 내부를 전면 공개하고 있는데, 실내로 들어서면 세 가지 점에서 놀라게 된다. 첫째, 미닫이문인 후스마로 구분해 놓은 방이 많다. 33개의 방에 800여 장의 다다미가 깔려 있다. 둘째, 각 방의 후스마에 그려진 그림이 다채롭다. 후스마의 그림들은 쇼우헤키(障壁畵)라고 하는데, 니노마루의 쇼우헤키들은 무로마치 시대부터 에도 시대까지 일본 화단을 주도했던 가노파 화가들의 작품이다. 3천여 점이 넘는 쇼우헤키 중 945점은 국가 중요문화재로 지정되어 있다. 셋째, 복도를 걸으면 마루에서 삐걱대는 소리가 유난히 크게 난다. 쇼군이 거주하는 곳답게 외부에서 몰래 들어오는 침입자를 최대한 빨리 발견하기 위해 일부러 소리 나게 만든 특수 장치이다. 이른바 암살 방지용 마루다. 휘파람새의 울음소리를 닮았다고 해서 '우구이스바리(鶯張り)'라 한다. 마루의 판자를 밟으면 아래에 설치된 꺾쇠가 위아래로 움직이면서 소리가 나기 때문에 아무리 살금살금 걷더라도 휘파람새 울음소리를 닮은 삐걱 소리를 감출 수 없다.

혼마루고텐은 에도 막부의 제3대 쇼군 도쿠가와 이에미쓰가 폐성이 된 후시미성의 건축 자재들을 옮겨 와 덴슈카쿠와 함께 건축하여

1626년에 완성했다. 하지만 18세기에 화재를 당해 전각은 물론 덴슈카쿠도 소실되었다. 이후 1893년에 교토 고쇼에 있던 가쓰라노미야(桂宮)를 이축해 새로 지었다. 그러나 지금은 이 또한 노후해져 내부 관람은 불가능하며 특별한 날에만 제한적으로 관람이 허용된다.

니노마루 서쪽에 있는 정원인 니노마루테이엔은 전형적인 치센카이유식 정원으로 에도 전기 시대의 대표적인 작정가 고보리 엔슈의 작품이다. 혼마루고텐을 감싸고 있는 혼마루테이엔은 가쓰라노미야를 이축하며 새로 조성한 서양식 정원으로 1896년에 완공되었다. 세이류엔은 에도 시대의 거상 스미노쿠라 료이의 집터를 기증받은 후 건축자재와 수목을 가져와 니조조와 어울리게 조성한 정원이다. 1965년에 완공되었으며 일본 전통의 치센카이유식 정원과 서양식 정원을 적절히 절충한 형태로 차를 마시는 다실이 정원 안에 있다.

성의 동쪽 출입문인 히가시오테몬(東大水門)에서 표를 끊어 성 내로 들어가면 오른쪽 성벽에 기댄 기다란 기와집이 있다. 성을 지키는 보초들이 거주하던 장소로 반쇼(番所)라고 한다. 쇼군이 부재중일 때는 에도에서 파견된 무사 100명이 2개 조로 나뉘어 교대로 성을 지켰다고 한다. 반쇼에서 니조조 관광의 핵심인 니노마루고텐으로 진입하기 위해서는 화려하게 장식된 카라몬(唐門)으로 들어가야 한다. 금박으로 나비, 꽃 등 다양한 장식을 부착해 놓아 매우 화려하게 보인다. 모모야마 양식 대문이다. 일본 역사에서 호화롭게 치장한 건물

카라몬

이 유행했던 시기가 모모야마 시기였다. 그래서 니조조 카라몬처럼 금박으로 화려하게 치장한 건조물들을 흔히 모모야마 양식이라고 한다. 2010년에 이 문 하나를 수리하는 데 우리 돈으로 10억 원 이상을 썼다고 한다. 모모야마 양식이 호화스럽다 못해 사치스러운 양식임은 분명해 보인다.

헤이안 시대 황실 정원
신센엔

니조조를 나와 남서쪽으로 방향을 잡아 도로를 건너가면 작은 연못이 나온다. 신센엔(新泉苑)이다. 니조조를 지을 때 대부분이 성 안에 포함되어 지금은 볼품없는 작은 연못에 불과하지만, 간무 천황이 수도를 옮긴 직후인 800년경 궁성 앞 동남쪽에 만든 황실 연못이었다. 처음 만들어질 당시에는 12만 제곱미터 정도의 크기로 천황을 비롯한 황족과 귀족들이 연못에 배를 띄우고 유흥을 즐겼다고 한다. 12만 제곱미터가 어느 정도 크기냐고? 국제 규격 축구장 4개를 합친 것과 같은 크기다. 하지만 지금은 보잘것없는 가정집 정원처럼 보이기에 굳이 찾아갈 만한 곳은 아니다. 다만 헤이안 시대 이래로 교토에 가뭄이 들면 줄곧 이 신센엔의 용녀에게 기우제를 올렸기에 교토 역사 기행을 한다면 가 볼 만한 가치가 있는 곳이다.

신센엔

신센엔에서는 매년 5월 1일부터 4일까지 신센엔 마쓰리(神泉苑祭)가 열린다. 863년 신센엔에서 올린 위령제에서 유래한 축제다. 헤이안 시대 고위 관리에 의해 억울하게 죽은 원혼이 시시때때로 저잣거리에 나타나 교토 사람들이 불안에 떨자 조정에서 민심을 수습하기 위해 위령제를 올렸다. 지금은 11월 첫째 주 금요일부터 3일간 다이넨부츠교겐(大念佛狂言)이라는 무언극을 볼 수 있다.

신센엔에 갔다면, 클램프 커피 사라사(Clamp Coffee Sarasa)를 찾아가자. 좌석이 12석밖에 없는 작은 카페지만 공들여 내려주는 핸드드립 커피 명소로 이름난 곳이다. 신센엔 남쪽 입구에서 서쪽으로 조금만 걸어가면 있다.

교토의 부엌
니시키 시장

'교토의 부엌'으로 불리는 니시키 시장(錦市場)은 교토 시내 시조도리에 있는 다이마루 백화점 바로 위쪽에서 시작된다. 좁은 골목길 양쪽으로 점포가 쭉 이어지며 400미터 정도 시장을 형성하고 있다.

'시장이 거기서 거기지, 뭐 별거 있겠어?'라고 생각할 수 있지만, 역사와 전통 면에서 이만한 시장은 세계 어디에서도 찾아보기 힘들다. 니시키 시장은 가마쿠라 시대부터 상권이 조성되어 초기에는 어물을 주로 팔았다. 시장 일대가 인구 밀집 지역에 맑은 지하수가 풍부했던 곳이라 내륙 지방인 교토로 힘들게 가져온 해산물의 저장과 판매에 유리했다. 가마쿠라 시대가 12세기 후반부터 14세기 전반까지니, 가마쿠라 말기에 시장이 형성되었다 해도 니시키 시장은 무려 700여 년의 연륜을 자랑한다. 우리로 치면 고려 후기에 개설되어 지금까지 시장이 열리고 있는 것이다. 물론 교토를 초토화시킨 오닌의 난으로 한동안 문을 닫았지만, 에도 시대에 다시 열렸다. 따라서 재개장한 에도 시대부터 시장의 역사를 잡더라도 무려 500여 년의 역사를 자랑하는 셈이다. 그런데 맑은 지하수가 풍부했던 것이 수산시장 개설과 어떻게 연관 있냐고? 다음은 니시키 시장의 상가진흥조합 이사장이 한 이야기다.

이 땅에는 청량한 지하 수맥이 있어서 생선이나 닭을 저장하기 좋기 때문에 예전부터 자연스럽게 시장이 형성되었다고 합니다. 그 옛날 니시키에는 곳간에서부터 파내려간 '지하 우물'이 있었습니다. 1년 내내 온도가 일정하기 때문에 날생선 등 신선식품을 차갑게 해서 보존할 수 있는 천연 냉장고이기도 했습니다.

오늘날 니시키 시장은 해산물은 물론이거니와 교토산 채소인 교야사이(京野菜) 등의 식재료와 반찬 등을 파는 상점이 즐비하며, 식당과 찻집 등도 있어서 관광객과 현지인들로 붐비는 종합 시장으로 발

니시키 시장

전했다. 점포들은 오전 7시경부터 문을 열어 오후 6시경에 닫는다. 아침 시간대만 빼고는 대부분 사람들로 북적거리지만, 점심과 저녁 무렵에 특히 많아 저절로 떠밀려서 시장 구경을 해야 할 정도다.

니시키 시장을 구경할 때, 오랜 여행 일정으로 누적된 피로를 풀고 싶다면 시장 중간쯤에서 남북으로 교차하는 길인 사카이마치도리(堺町通り) 남쪽에 있는 목욕탕 니시키유(錦湯)를 찾아가자. 1927년 개업 이래 3대째 이어져 내려오는 노포다. 지금도 그렇지만 예전에도 니시키 시장의 가게들은 일찍 장사를 시작해서 해 질 무렵이면 문을 닫았다. 종업원은 물론이고 주인 가족들도 가게 내에서 숙식을 하는 것이 일반적이었다. 그 시절에 니시키 시장 사람들은 가게 정리를 모두 마친 다음, 대중목욕탕에 들러 하루 피로를 말끔히 푸는 걸로 일과를 끝냈다.

대중목욕탕이 사라지는 시대에 니시키유가 대를 이어 영업을 할 수 있는 데는 수질이 좋다는 이유가 있다. 니시키유 주인은 "우리 목욕탕 물은 이 부근의 지하수를 사용하는데 다른 지방에서 온 사람들이 물이 다르다며 깜짝 놀랍니다. 부드러워요. 수돗물이라면 겨울철에는 추워서 냉탕에는 들어가지 못하지만, 우물물은 1년 내내 15도 정도니까 몸을 담글 수 있어요"라며 수질에 대한 자부심을 드러냈다. 여기에 목욕탕 문화를 계승 발전시키기 위해 현실에 안주하지 않고 목욕탕만이 할 수 있는 다양한 이벤트를 계획해 지금까지 20여 년간 단골손님들과 함께 개최해 왔다. 만담회, 패션쇼, 마술, 프렌치 재즈

등 소재는 무궁무진했다고 한다. 이렇게 색깔 있는 운영이 교토는 물론 일본 전역으로 소문나면서 멀리서도 손님이 찾아왔으며, 현재는 외국인 관광객들도 니시키유를 찾는다고 한다.

물맛이 좋은
니시키 덴만구

니시키 시장의 서쪽에서 출발하여 동쪽으로 쭉 걸어가면 더 이상 직진이 불가능한 막다른 골목에 다다른다. 이곳에 니시키 덴만구(錦天滿宮)가 있다.

이 신사는 전국에 있는 1,200여 개 덴만구 중 하나로 물맛 좋은 니시키 지하수를 맛볼 수 있는 곳이다. 덴만구 정원에 있는 샘물이 교토의 명수(名水)다. 여름이건 겨울이건 17~18도를 유지하기 때문에 언제 가더라도 목 넘김이 좋은 물이다. 자유롭게 마실 수 있고 병에 담아 갈 수도 있다.

니시키 덴만구

절들이 줄줄이 있었던
데라마치도리

니시키 덴만구를 보고 나면 데라마치도리(寺町通り)로 나와 북쪽으로 올라가자. 교토 시내의 번잡한 길 중 하나지만 주변에 절과 신사가 상당히 많다. 무슨 시내에 절이 그렇게 많이 있냐고? 이유가 있다. 길 이름이 절 동네를 뜻하는 '데라마치(寺町)'인 데에서 알 수 있듯이 예전에 이 길 주변은 온통 절뿐이었다.

센고쿠 시대의 혼란을 통일한 도요토미 히데요시는 수도 교토를 개조하는 작업에 착수했다. 자신의 위세를 내외에 과시하고 정치 기반을 다지기 위함이었다. 당시 교토는 인구 10만이 넘는 대도시였는데, 오닌의 난과 센고쿠 시대의 혼란 덕분에 수도의 기능을 제대로 발휘하지 못하고 있었다.

도요토미 히데요시는 먼저 천황이 사는 교토 고쇼를 이전했고 그 주변에 공가들이 모여 사는 단지 구게마치(公家町)를 조성했다. 그리고 집무를 볼 거처 주라쿠타이를 교토 고쇼의 서쪽 편에 지었다. 1586년 2월에 착공해 이듬해 9월에 완공했는데, 훗날 도쿠가와 이에야스가 집무실로 사용하기 위해 만든 니조조보다 더 큰 규모의 해자를 두른 요새형 성곽이었다. 주라쿠타이 터에는 주택단지가 들어서 지금은 화강암 표지석만 남아 있다.

1590년에는 데라마치 건설을 시작했다. 현재 데라마치도리가 있는 곳은 그 당시 가모강변으로 교토의 동쪽 끝자락이었다. 도요토미 히데요시는 시내 여러 곳에 흩어져 있던 절들을 옮겨 와 북에서 남으로 가모강 강변을 따라 쭉 배치했다. 걸핏하면 난을 일으키는 승려들을 통제하는 동시에 유사시 교토 방어에 승려들을 동원하기 위해서였다.

이처럼 번갯불에 콩 볶아 먹듯이 2, 3년 사이에 후다닥 이루어진 교토 개조로 수도 교토는 천황을 위시로 한 공가 계층은 고쇼를 중심으로, 쇼군을 중심으로 한 무가 계층은 주라쿠타이 주변에 모여 살게 되었다. 그리고 대부분의 절은 시내 동쪽 가모강가에 줄줄이 늘어섰다. 그럼 지금도 데라마치도리에 절들이 쭉 이어져 있느냐? 그건 아니다. 에도 시대에 평화가 장기간 지속되며 절을 교토 방어에 이용할 필요성이 줄어들었다. 또한 도시가 가모강 너머까지 확장되며 데라마치는 절뿐만 아니라 각종 물건을 파는 상점들로 번성하며 오늘날에는 절보다는 상점이 더 많은 아케이드로 변했다.

오다 노부나가의 무덤이 있는
혼노지

데라마치도리를 걷는다면 혼노지(本能寺)는 반드시 가 보자. 데라마치도리 북쪽 방향으로 걷다 보면 교토시청 앞 도로인 오이케도리(御

池通り))와 만나는 지점에 있다. 혼노지에 가 보라고 권하는 이유는 센고쿠 시대의 혼란을 거의 다 진압한 상태에서 부하의 배신으로 자결한 오다 노부나가의 무덤이 있기 때문이다.

1467년 무로마치 막부의 쇼군 계승권을 둘러싸고 벌어진 오닌의 난 이후 쇼군은 허수아비에 불과했고, 슈고 다이묘들은 합종연횡하며 치열하게 싸웠다. 100여 년 이상 지속된 이 시기를 센고쿠 시대라고 하며, 일본 전역은 전쟁터로 변한 가운데 하극상의 풍조가 만연했다. 이러한 때에 천하의 패권을 쥐려던 다이묘들 가운데 교토에 가장 먼저 입성한 자가 오다 노부나가였다. 오다 노부나가는 경쟁자들 가운데 가장 먼저 교토로 들어와 아시카가 요시아키(足利義昭, 1537~1597)를 무로마치 막부 제15대 쇼군으로 옹립하고 그의 뒤에 서서 일본 전역을 지배하려 했다. 당시 오다 노부나가가 차지하지 못한 땅은 모리(毛利) 가문이 지배하고 있던 주고쿠(中國) 지방뿐이었다. 이곳만 점령하면 일본 통일의 위업을 달성할 수 있었는데, 모리 가문이 쉽게 굴복하지 않았다. 오다 노부나가는 충성스런 부하 하시바 히데요시(羽柴秀吉)에게 병력을 주고 모리 가문을 치려 했다. 하시바 히데요시는 우리가 잘 아는 도요토미 히데요시다. 그런데 도요토미 히데요시가 이끈 원정군은 오다 노부나가의 생각만큼 싸우지 못했다. 후방인 교토에서 전투 상황을 보고 받던 오다 노부나가는 도요토미 히데요시가 궁지에 몰렸다는 소식을 듣고 직접 전투를 지휘하기 위해 전쟁터로 떠나려 했다. 이때 소수의 호위병을 거느리고 혼노지에 머물렀다. 1582년 6월 2일이었다. 부하 아케치 미쓰히데(明智光秀, 1528~1582)가 배신해 군사를 이끌고 혼노지를 에워쌌다. 오다 노부나가는 호위대만으로 아케치 부대를 상대하다가 중과부적임을 느끼고 자결했다. 다음 날, 장남 오다 노부타다(織田信忠, 1557~1582) 역시 니조조에서 스스로 목숨을 끊었다. 여기서 말하는 니조조는 도쿠가와 이에야쓰가 세운 교토의 명소 니조조가 아니다.

무로마치 막부의 쇼군은 현재 무로마치 거리에 있는 '꽃의 어소'에서 집무를 보았으나 제13대 쇼군 아시카가 요시테루(足利義輝, 1536~1565)가 암살당하며 저택 전체가 불타 버렸다. 이후 반란 세력에 의해 아시카가 요시히데(足利義榮, 1538~1568)가 제14대 쇼군으로 추대되었으나, 오다 노부나가는 교토의 반란군을 진압한다는 명분으로 아시카가 요시테루의 동생 아시카가 요시아키를 새 쇼군으로 추대하여 교토로 쳐들어왔다. 당시 아시카가 요시히데는 노부나가 군과 싸워 보지도 못한 채 병으로 사망해 교토는 손쉽게 노부나가의 차지가 되었다. 그런데 문제는 쇼군의 거처가 불에 타 버려 새로 추대된 쇼군이 거주할 집이 없었다. 오다 노부나가는 불타 버린 쇼군의 저택 자리에 새 집을 짓고 '니조조'라고 이름 붙였다. 그런데 왜 여기서 노부나가의 장남 노부타다가 자결을 했을까? 오다 노부나가는 본인이 추대한 쇼군에게 권력을 쥐어 줄 생각이 전혀 없었다. 그저 자신의 권력을 확장하는 데 병풍이 되어 줄 허수아비 쇼군이 필요했을 뿐이다. 반면에 아시카가 요시아키의 생각은 달랐다. 주도권을 쥐고 예전 쇼군처럼 권위를 부리려 했다. 당연히 둘 사이에 갈등이 일어났고 오다 노부나가는 아시카가 요시아키를 쇼군 자리에서 내쫓고 니조조를 저택으로 삼았다.

일본에는 이런 말이 있다.

오다 노부나가가 쌀을 열심히 씻어 놨더니, 정작 밥은 도요토미 히데요시가 지었고, 그 밥을 맛나게 먹은 사람은 도쿠가와 이에야스다.

일본 통일에 나선 사람은 오다 노부나가지만, 통일을 이룩한 사람은 도요토미 히데요시이고, 그 통일의 결과를 누린 사람은 도쿠가와 이에야스임을 빗댄 말이다. 또 이런 말도 있다.

새장 앞에서 새를 울게 하고 싶은데, 울지 않는다. 오다 노부나가는 울지 않는 새는 새가 아니므로 현장에서 바로 죽인다. 도요토미 히데요시는 새 앞에서 갖은 재롱을 다 떨어 새를 울게 한다. 반면에 도쿠가와 이에야스는 새장 앞에서 진득하게 기다려 결국 새 울음소리를 듣는다.

센고쿠 시대의 혼란상을 극복하고 일본 전역을 통일하는 데 앞장섰던 세 장수의 성격이 엿보인다. 일본 사람들은 지금도 적은 밖에 있는 게 아니라 내부에 있다는 표현을 할 때 '적은 혼노지에 있다'고 한다. 그만큼 일본 역사에서 오다 노부나가의 죽음은 큰 충격이었다.

현재 혼노지 안에는 오다 노부나가의 묘와 자결한 노부나가의 목을 씻겼다는 우물이 있다. 그런데 이게 터무니없는 이야기이다. 실제로 오다 노부나가가 자결한 혼노지는 현재의 혼노지가 아니다. 혼노지는 니시키 시장에서 서쪽으로 약 30분쯤 떨어진 곳에 있었다. 현재는 이곳에 본래의 혼노지가 있었다는 표지석이 서 있다. 그럼에도 오다 노부나가의 목을 현재 혼노지 우물에서 씻겼다니 이야말로 코미디가 아닌가? 그럼 혼노지는 언제 옮겼을까? 도요토미 히데요시가 데라마치에 절들을 불러 모을 때 지금 자리에 새 절을 지어 옮겨 왔다.

다카세강 주변의 역사 유적들

데라마치도리에서 오이케도리로 건너가면 교토 시청 광장이다. 이 광장 앞에서 동쪽으로 방향을 잡아 조금 걸어가면 작은 수로가 나온다. 에도 초기의 거상 스미노쿠라 료이와 소앙(角倉素庵, 1571~1632) 부자가 남쪽에 있는 후시미까지 물류 운반을 위해 개설한 운하다. 다카세강(高瀬川)을 따라 북으로 조금만 올라가면 가모강의 물을 끌어들여 남쪽으로 흘러가게 만든 운하의 시작 지점이 나온다. '다카세가와 이치노후나이리(高瀬川一之船入)'이다. 다카세강의 첫 번째 선착장이란 뜻이다. 후나이리(船入)는 짐을 부리거나 배가 방향 전환을 하는 곳으로 총 9개가 설치되어 있었다. 이 중 몇 곳에 10석짜리 작은 배 다카세부네(高瀨舟)를 재현해 놓았기에 다카세강을 따라 쭉 내려가면 군데군데 배들을 볼 수 있다. 그곳이 짐을 내리던 선착장 자리다.

육로보다 수로 교통이 발달했던 옛날에는 천하의 부엌 오사카에서 들어오는 물류를 대체로 요도강을 통해 후시미까지 가져와 교토 시내까지는 다카세강을 통해 다카세부네로 운반했다. 다카세강은 작은 개울처럼 보이지만 한창 때는 100척 이상의 다카세부네가 오르내리며 각종 물건을 교토로 실어 날랐다. 하지만 메이지 유신 이후로 철도와 신작로가 개설되며 운하 기능은 점차 축소되었고, 1920년을 기점으로 다카세강 운하는 물류 운반으로써의 기능을 완전히 상실했다.

이치노후나이리에서 약간 밑으로 내려오면 제방 위에 비 2개가 서 있다. 사쿠마 쇼잔(佐久間象山, 1811~1864)과 오무라 마스지로(大村益次郎, 1824~1869)의 조난비(遭難碑)다. 조난의 사전적 의미는 '항해나 등산 따위를 하는 도중에 만난 재난'이나, 이 비들은 막부 말기에 막부 폐지 운동을 주도했던 선각자 두 사람이 근방에서 살해당해서 세워진 것이다. 사쿠마 쇼잔은 에도 막부 말기의 사상가이자 한학자였다. 그런데 아편전쟁에서 청나라가 패한 데 충격을 받아 일본의 쇄국정책을 비판하며 서양에 문호를 개방하자는 개항론자가 되었다. '동양의 도덕, 서양의 기술'이라는 취지를 내걸고 서구 문물 수용

다카세 운하

을 적극 주장했으니, 우리로 따지면 동도서기론자였다. 야마구치현 조슈번 출신으로 그의 제자가 요시다 쇼인(吉田松陰, 1830~1859)이다. 아베 신조 전 총리가 정신적 스승으로 삼고 있는 역사 인물이 요시다 쇼인이니, 사쿠마 쇼잔은 현재 일본 우익의 원조라 할 수 있는 인물이다. 오무라 마스지로는 조슈번 출신의 군인으로 메이지 유신 후 국방부 차관 격인 병부대보(兵部大輔)로 있으면서 근대 일본 육군을 설계했다. 사쿠마 쇼잔은 1864년에, 오무라 마스지로는 1869년에 근대화 정책에 반대하는 봉건체제 수호 세력에게 거의 같은 장소에서 살해당했다. 추모비가 있는 곳에서 바로 도로를 건너면 오무라 마스지로가 살해당했던 장소임을 알리는 표지석이 서 있다.

표지석이 서 있는 바로 아랫집은 고급 요정 이쿠마쓰(幾松)가 있던 곳이다. 코로나 사태로 현재는 폐업했지만, 가게 이름 이쿠마쓰는 메이지 유신을 성사시킨 최대 공로자 중 한 명인 가쓰라 고고로(桂小五郎, 1833~1877)와 인연이 깊은, 기온의 유명했던 게이코의 이름에서 따온 것이다. 가쓰라 고고로는 젊었을 때는 가쓰라 고고로라 했지만, 나중에 기도 다카요시(木戸孝允)로 개명해 일반적으로는 기도 다카요시로 알려진 인물이다. 조슈번의 상급 무사였던 그는 사쓰마번 출신인 사이고 다카모리(西郷隆盛, 1828~1877), 오쿠보 도시미치(大久保利通, 1830~1878) 등과 함께 유신 3걸로 불리는 인물이다. 사카모토 료마의 주선으로 사쓰마와의 동맹을 주도하여 메이지 유신을 이뤄냈으며, 유신 후에는 폐번치현 등 굵직굵직한 개혁을 이끌었다. 이런 사람이 젊은 시절인 1864년 6월 신센구미(新選組)가 조슈 지사들을 습격한 '이케다야 사건'에서 간신히 살아남아 한동안 도망 자 신세가 됐다. 그때 그를 숨겨주고 탈출시켜서 재기를 꿈꾸게 해 준 사람이 이쿠마쓰였다. 이게 인연이 되어 훗날 두 사람은 부부의 인연을 맺었다.

이케다야 사건은 뭐냐고? 에도 막부 시대 말기인 1864년 7월에 막부 측 입장을 대변하며 교토 수비와 치안을 유지하고 있던 신센구 미가 여관이었던 이케다야에 묵고 있던 조슈번과 도사번의 존황양 이파를 기습하여 살해한 사건이다. 이 사건으로 조슈번의 주요 인사 들이 살해되었으며, 곤도 이사미(近藤勇, 1834~1868)가 이끄는 신센 구미가 유명세를 타게 되었다. 메이지 유신을 1년 정도 늦춘 사건으 로 평가되지만, 존황양이파를 자극해 결과론적으로 유신을 성공시 키는 계기를 마련한 사건으로도 평가된다. 오무라 마스지로가 살해 당한 곳임을 알리는 표지석에서 다카세강을 따라 밑으로 걸어 내려 가면 산조도리(三条通り)가 나온다. 이곳 교차로에서 서쪽 방면으로 우회전해 조금만 가면 사건의 현장 이케다야가 있다. 식당 영업을 하 고 있기에 사건 당시 그대로의 모습은 아니지만, 가게 앞에 예전 모 습을 알 수 있는 안내판을 세워 놓았다.

교토에서 신센구미 유적지를 찾고 싶으면 교토 시내에 있는 미부 데라(壬生寺)를 찾아가면 된다. 신센구미가 교토에 주둔할 때 훈련을 했던 장소로 경내에 자료관이 설치되어 있고 신센구미의 넋을 기리

미부데라
신센구미 묘탑

는 묘탑도 있다. 또한 절 담장 동북쪽으로는 대원들이 주둔했던 집이 보존되어 있다. 구 마에카와 저택(旧 前川邸)과 야기케(八木家)이다.

자! 다시 다카세강으로 가서 하류 쪽으로 걸어 내려가자. 길에는 간간이 문화유적임을 알리는 화강암 표지석이 서 있다. 그중 도사 번 저택이 있었다는 도사번적(土佐藩跡) 빗돌도 보인다. 에도 막부 시절에 막부는 각 번의 다이묘들이 교토에 사는 천황과 교류하는 것을 매우 꺼렸다. 그래서 산킨코타이(参勤交代)에도 다이묘가 교토에 들르는 것은 엄격히 금지했다. 만약 이를 위반했다가 걸리기라도 하면 곧바로 아웃이었다. 산킨코타이는 에도 막부 시절 다이묘를 통제하기 위한 정책으로, 다이묘들은 1년 주기로 에도와 영지를 오가야 했으며 에도를 떠나는 경우에도 정실부인과 뒤를 이을 후계자는 에도에 남겨야 했다. 산킨(参勤)은 일정 기간 쇼군이 있는 에도에서 사는 것, 코타이(交代)는 본인의 영지에 돌아가 지방 행정 사무를 보는 것을 의미한다. 이처럼 산킨코타이는 지방 세력인 다이묘들의 반역을 막기 위한 인질제도의 성격을 띠고 있었다. 한편, 이 제도는 영지에서 에도까지 오가는 데 드는 경비는 물론 에도에 머무르는 동안 들어가는 비용 역시 다이묘 본인 부담이었기에 각 번에 막대한 재정적 부담을 안겨 번의 군사력 및 경제력을 약화시키는 데 기여했다. 따라서 쇼군에게는 지방의 다이묘 세력이 성장하는 것을 막는 데 큰 힘이 된 일석이조의 효과를 가진 지방 세력 통제책이었다.

그런데 교토 시내를 돌아다니다 보면 곳곳에 '○○번적(○○藩

跡)'이란 표지석을 다수 볼 수 있다. 도시샤대 서문 앞에는 사쓰마번 저택 터였다는 빗돌이 있고, 교토 시청 옆에는 조슈번 저택이 있었다는 빗돌이 있다. 다이묘들은 교토에 일체 들어오지 못했다면서 웬 저택이냐는 의구심이 들 것이다. 막부는 다이묘들의 교토 방문은 금지했지만, 장사를 위한 저택은 교토에 둘 수 있게 허용했다. 예를 들어 공예품은 가가번, 설탕은 사쓰마번, 종이는 조슈번이 특산지였는데, 이들 상품을 교토에서 거래하기 위해 각 번은 사무소 겸 저택을 교토에 두었다. 다카세강 자락에 저택을 둔 도사번은 시코쿠에 영지가 있던 번으로 영지 내에 울창한 삼림 자원이 풍부해서 벌목한 나무를 교토에서 팔아 번의 재정을 충당했다. 이외에도 다카세강을 따라가다 보면 도요토미 히데요시의 조카 겸 양자인 도요토미 히데쓰구의 무덤이 있는 즈이센지(瑞泉寺), 1897년 일본에서 처음으로 영화 시사회를 개최한 일본 영화 발상지를 볼 수 있는 등 교토 시내 번화가에 있는 물길답게 다양한 유적지를 살필 수 있다. 이 유적들을 천천히 살피며 물길을 따라 내려가면 시조도리와 만나게 된다.

큰길인 시조도리를 건너가면 고풍스런 서양식 4층짜리 건물이 한 채 서 있다. 1926년에 준공된 스페인 르네상스식 건물로 본래 프랑스 요리를 만들어 파는 식당이었다. 하지만 태평양 전쟁으로 식재료를 구하기 어렵게 되자 1945년부터는 베이징 요리를 전문으로 한 중화요릿집 토카사이칸(東華菜館)으로 변신하여 지금까지 3대째 영업 중이다. 이곳의 엘리베이터는 현재 일본에서 운행하는 것 중 가장 오래된 것이다. 전통과 연륜을 가진 미국 회사 오티스가 1924년에 제작한 것으로 수동으로 조작된다.

토카사이칸에서 남쪽으로 골목길을 내려가면 자그마한 수변공원이 있다. 잔잔히 흐르는 깨끗한 물길에 발을 담글 수 있다. 이때 커피 한잔이 생각난다면 바로 길 건너에 있는 프랑수아 찻집(フランソア喫茶室)에 가자. 1934년에 개업한 전통과 연륜을 자랑하는 카페이다. 창업자인 다테노 쇼이치(立野正一, 1907~1995)는 서양화를 전공한 예술가로 밀레와 고흐의 미술 세계를 동경했는데, 당시 지식인들이 빠져들었던 사회주의 운동에 매료되었다. 그러나 정부의 가혹한 탄압 속에 합법적인 사회주의 운동이 불가능해지자 운동을 지탱할 수 있는 자금을 모으기 위해 카페를 열었다. 찻집 이름은 흠모하던 〈만종〉의 화가 장 프랑수아 밀레에서 따왔다. 실내 인테리어는 호화 여객선의 객실을 본떴으며, 진보 정치나 예술을 논하는 지식인과 대학생이 주로 드나들었다. 현재 대를 이어 운영되고 있는데, 정통 유럽풍 카페로 차분하게 앉아 커피나 홍차를 즐길 수 있다.

교토 걷기 여행 마지막 날이다.

오늘은 교토 시내를 벗어나 근교 여행을 하자.

교토에서 가장 높은 산인 히에이산.

케이블카와 로프웨이를 번갈아 타고 오르면

깊숙한 곳에 연륜 깊은 절인 엔랴쿠지가 있다.

이 절에 해상왕 장보고 기념비가 서 있다.

산을 내려와서는 우리 문화재를 전시하고 있는

고려미술관을 방문하자.

재일교포 정조문 선생이 평생 동안 모은

다양한 우리 문화재를 격한 감동 속에 살필 수 있다.

단풍이 곱게 물든 늦가을이라면, 다카오에 있는

고잔지를 찾아가 보자.

원효와 의상대사 초상화를 보관하고 있는 고잔지 일대에

붉게 타오르는 붉고 노란 단풍들에 눈이 황홀해진다.

7 day

교토 근교 지역을 찾아서

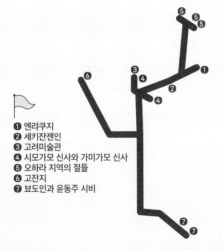

① 엔랴쿠지
② 세키잔젠인
③ 고려미술관
④ 시모가모 신사와 가미가모 신사
⑤ 오하라 지역의 절들
⑥ 고잔지
⑦ 뵤도인과 윤동주 시비

일본 천태종의 산실
엔랴쿠지

엔랴쿠지(延曆寺)는 교토 시내에서 대중교통으로 가기에는 상당히
애매한 교토 외곽의 히에이산에 있다. 하지만 해상왕 장보고 기념비
가 있으니 한나절 품을 들여서라도 꼭 가 보자.

엔랴쿠지를 창건한 이는 사이초(最澄, 767~822)로 히에이산 자락
에 있는 시가현 출신이다. 사이초는 열두 살에 절에 들어가 전심 수
행을 하여 열아홉 살에 당시 최고의 절이었던 나라 도다이지에서 구
족계를 받고 정식 승려가 되었다. 그러나 불교가 날이 갈수록 혼탁
해지자 고향으로 돌아와 히에이산 깊은 산중에 이치조시칸인(一乘止
觀院)이라는 작은 암자를 지어 손수 조각한 약사여래상을 모시고 수
행에 전념했다. 788년의 일이다. 사이초는 불상 앞에 등잔불을 밝혀
놓고 수행정진했다. 이 불이 지금까지 꺼지지 않고 무려 1,200여 년
간 계속되고 있다. 엔랴쿠지에서는 이를 '불멸의 법등'이라고 하는

데, 정말 절 개창 초기부터 지금까지 한 번도 꺼지지 않았는지는 의문이다.

사이초는 산중 수행 중인 804년 당나라로 파견되는 사절단을 따라 불교 유학을 떠났다. 당나라에서 2년 동안 천태종을 공부하고 돌아와 일본 천태종을 개창했다. 일본에서는 불교를 융성시킨 대표적 인물로 사이초와 교토 시내에 있는 도지의 주지를 지낸 고보국사 구카이를 꼽는다. 둘 다 804년 견당사를 따라 당나라에 가서 불교 유학을 했던 사람이다. 차이가 있다면 사이초는 당나라 천태종을 공부해 일본에 천태종을 뿌리내렸고, 구카이는 밀교를 연구해서 진언밀교를 전파시키며 당시 귀족과 대중에게 선풍적인 인기를 끌었다.

구카이의 인기가 하늘을 찌를 듯하며 포교를 활기차게 전개하자, 사이초는 천태 교리만으로는 포교에 한계가 있음을 절감하고 구카이를 찾아가 밀교 공부를 시작했다. 이후 사이초는 천태종에 밀교를 융합시켜 대중 친화적인 천태종을 포교했다. 사이초가 천태 교리를 바탕으로 수용한 밀교를 '태밀(台密)', 구카이가 도지를 거점으로 포교 활동을 했던 정통 밀교를 '동밀(東密)'이라고 한다.

822년 사이초는 55세를 일기로 세상을 떠났다. 당시 천황은 사이초에게 덴교대사(傳教大師)라는 권위를 부여했으며, 그가 머물던 히에이산의 이치조시칸인을 간무 천황의 연호인 '엔랴쿠(延曆)'로 바꾸게 했다. 엔랴쿠지의 탄생이었다.

천황의 연호를 절 이름으로 사용하게 한 것이 무슨 의미를 가지

느냐고? 당대 최고의 권력자인 천황이 직접 나서서 국가 최고의 절임을 인정했다는 뜻이다. 이런 절이다 보니 사이초 사후 엔랴쿠지에는 인재들이 몰려들며 날로 융성했다. 일본 불교의 새로운 종파 개창자들 중에는 엔랴쿠지에서 승려 생활을 하다가 새 종파를 만들어 나간 이들이 여럿 있다.

사이초의 입적 이후 크게 세를 넓히게 된 엔랴쿠지의 융성은 결코 좋은 일만은 아니었다. 절이 커지다 보니 승려들의 위세가 세져서 급기야 자기들 손으로 절을 지키겠다며 승군(僧軍)을 조직해 훈련까지 했다. 절을 외부 침입자로부터 지키려는 순수한 목적이었다면 크게 문제가 되지 않았을 것이다. 그러나 엔랴쿠지 승군들은 자신들에게 해가 된다 싶으면 상대가 천황이나 쇼군이라도 일단 덤비고 보았다.

엔랴쿠지의 역사에서 승군들의 위력 시위는 크게 두 번 있었다. 첫 번째는 1113년에 발생한 남도북령 사건이다. 남도는 나라의 고후쿠지를, 북령은 히에이산 엔랴쿠지를 말하는데, 교토 시내의 기요미즈데라를 둘러싸고 고후쿠지와 엔랴쿠지가 알력 다툼을 벌였다. 당시 기요미즈데라는 고후쿠지의 딸림 절이었고 기요미즈데라에 딸린 기온사, 즉 지금의 야사카 신사는 엔랴쿠지 소유였다. 야사카 신사의 주지 임명권을 놓고 고후쿠지와 엔랴쿠지가 대립하며 엔랴쿠지 승병들이 기요미즈데라로 쳐들어가 초토화시키고 심지어 고후쿠지까지 진입하여 불을 질러 버렸다. 이렇게 기세등등했던 엔랴쿠지를 두고 당시 권력을 쥐락펴락하던 시라카와 법황은 이런 말을 했다.

세상 모든 것을 다 내 마음대로 할 수 있지만 가모가와의 물, 주사위 놀이, 엔랴쿠지의 승병만큼은 내 마음대로 되지 않는다.

두 번째는 천하통일을 꿈꾼 오다 노부나가가 교토에 입성했을 때 발생했다. 오다 노부나가는 본인이 선택한 아시카가 요시테루를 쇼군으로 추대하며 교토로 들어와 쇼군의 집무 공간인 니조조를 새로 축성했다. 4, 5년은 족히 걸릴 공사였으나 얼마나 재촉했던지 70일 만에 완성되었다. 당연히 공사에 투입된 사람들은 초주검이 되었고, 공기 단축을 위해 여러 절에 있던 탑비나 석등 등을 강제로 가져가 성 구축에 사용했다. 교토 불교계 전체가 이런 무리수를 비판했는데, 그중에서 위세가 가장 강했던 엔랴쿠지의 반발이 제일 거셌다. 게다가 엔랴쿠지에는 오다 노부나가의 교토 입성에 앞장서서 반대했던 아사쿠라(朝倉) 사람들이 숨어들어 있었다. 성미가 불같은 오다 노부나가가 이를 그냥 내버려 두었을까? 승려들 나름대로 군사조직을 갖추고 있었다고는 하지만, 날이면 날마다 싸움만 하고 산 무사 세력을 어떻게 당해 내겠는가. 노부나가군에 의해 엔랴쿠지는 폐허가 되었고, 절 안에 살던 2천여 명이 살해되었다. 이후 승군은 엔랴쿠지는 물론이고 그 어느 절에서도 두 번 다시 조직되지 않았다. 완전히 불탄 엔랴쿠지는 도쿠가와 막부의 제3대 쇼군 도쿠가와 이에미쓰가 교토

해상왕 장보고 기념비

의 절들을 재건할 때 다시 세워졌다.

오늘날의 엔랴쿠지는 도토(東塔), 사이토(西塔), 요카와(橫川) 세 구역으로 나뉘어져 있는데, 도토 구역 진입로에 부도비가 하나 서 있다. 1571년, 즉 겐키(元亀) 2년에 노부나가 군에 목숨을 잃은 사람들의 원혼을 기리는 무덤이다.

도토 구역은 엔랴쿠지의 핵심으로 1642년에 건립된 곤폰츄도(根本中堂)를 중심으로 여러 전각이 곳곳에 들어서 있다. 곤폰츄도에 있는 본존불은 비불 약사여래로 사이초가 직접 조각했다고 전해 온다. 한편, 곤폰츄도 앞쪽 언덕에 있는 몬쥬로(文殊樓) 옆에는 해상왕 장보고 기념비가 우뚝 서 있다. 여기에 장보고 기념비가 있는 이유는 엔랴쿠지의 제3대 좌주 엔닌(円仁, 794~864)과의 인연 덕분이다. 스승인 사이초가 입적한 후 엔닌은 당나라로 불교 유학을 떠났다. 이때 산동반도 끝자락인 적산법화원에 있던 신라 스님들의 도움을 많이 받았는데, 법화원은 장보고의 발원으로 세워진 절이었다. 엔닌은 귀국할 때도 적산에서 출발하는 장보고 선단이 운영하는 무역선을 타고 규슈 하카타항으로 무사 귀환할 수 있었다.

현재 절 안에 있는 '청해진대사 장보고 비'는 장보고의 주 활동 무대였던 완도군이 우리나라에서 직접 만들어 2001년 12월에 세운 것이다.

신라 산신을 모신
세키잔젠인

세키잔젠인(赤山禪院)은 에이잔전철을 타고 슈가쿠인역에서 내려 20분쯤 걸어가면 있다. 엔랴쿠지의 딸림 절로 엔닌이 적산대명신(赤山大明神)을 모시는 절을 지을 것을 유언으로 남겨 후임 천태좌주 안에(安慧, 794~868)가 창건했다.

엔닌은 당나라로 불교 유학을 떠나 10여 년 남짓 불법을 공부하고 847년 장보고 선단이 이끄는 배를 타고 일본으로 돌아왔는데, 귀국 도중 큰 폭풍우를 만나자 적산대명신에게 바다를 잠잠하게 해 달라고 빌었다. 그러자 신이 뱃머리에 나타나 하늘을 향해 흰 깃털이 달린 화살을 쏘았고, 이내 비바람이 잠잠해졌다. 이후 엔닌은 죽을 때까지 고향 땅을 무사히 밟을 수 있었던 것은 적산대명신의 영험 때문이라고 생각했다.

엔닌이 수호신으로 삼은 적산대명신은 중국 산동성 신라방에 있던 적산법화원에서 모시는 신이다. 적산법화원은 장보고가 직접 세운 절로, 무역선단의 무사 항해와 신라인의 평안을 기원하는 곳이었다. 따라서 교토 동북부 히에이산 자락의 세키잔젠인에 모신 적산대명신은 신라 사람들이 모셨던 산신(山神)에 기원을 두고 있다. 본전의 적산대명신도 그렇지만, 절 내에 있는 고가네 신사(金神社)에는 마쓰오대명신(松尾大明神), 히라노대명신(平野大明神), 가모대명신(賀茂

七福神

布袋　寿老人　福禄寿　毘沙門天　弁財天　大黒天　恵比須

세키잔젠인
칠복신

大明神), 신라대명신(新羅大明神)이 모셔져 있다. 이 신들은 모두 신라 계 도래인인 하타 일족과 연관이 깊다. 또한 작은 절임에도 일본에서 가장 오래된 칠복신(七福神)도 모시고 있다. 칠복신은 일곱 종류의 복을 주는 신으로 어업과 상업의 신으로 사업 번창을 주관하는 에비스 (惠比須), 재복의 신 다이코쿠텐(大黑天), 불법으로 가난과 잡귀를 물리친다는 비샤몬텐(毘沙門天), 미와 음악의 여신 벤자이텐(弁財天), 장수와 지혜의 신선 주로우진(時老人), 행복과 부를 주관하는 후쿠로쿠주(福祿壽), 원만한 인격과 풍요를 관장하는 호테이(布袋)다.

세키잔젠인으로 가는 길에는 일본 황실의 별장 정원인 슈가쿠인 리큐(修學院 離宮)도 담장 너머로 잠시 구경할 수 있다. 제108대 천황인 고미즈노(後水尾, 1596~1680)가 아들에게 천황 자리를 물려준 후 거처할 장소로 만든 곳이다. 히에이산 자락을 잘 활용하여 일본에서는 몇 안 되는 자연미가 풍기는 드넓은 정원이다. 사전 예약자에 한해 입장을 허용하고 있다.

우리 문화재를 전시하고 있는
고려미술관

고려미술관은 재일동포 정조문 선생(1918~1989)이 평생에 설쳐 수집한 우리 고미술품을 전시하는 특색 있는 미술관이다. 전시 공간은 그리 넓지 않다. 교토 시내에서 상당히 떨어진 북쪽 외곽에 있어 접근성도 떨어진다. 그러나 미술관이 만들어진 사연을 알면 가슴이 먹먹해지며 오길 잘했다는 생각이 절로 드는 곳이다.

정조문선생

정조문 선생은 경상북도 예천군 풍양면 우망리에서 태어나 여섯 살 때 부모를 따라 일본으로 건너갔다. 정조문 선생 일가는 일본에 정착할 생각이 없었다. 우리 땅에서는 먹고살기 힘들어 입에 풀칠이라도 하려고 건너갔지만, 형편이 피면 귀국할 생각이었다. 그런데 부모님이 세상을 떠나고 말았다. 그래서 정조문 선생 형제들은 해방 이후에도 조국으로 돌아오지 못하고 이국 땅 일본에서 노동을 하며 힘들게 살아야 했다.

민족의식이 투철했던 정조문 선생은 막노동과 식당을 하며 조금씩 부를 축적해 재일동포 후배들을 위한 우리 학교를 짓는 데 앞장섰으며, 발품을 팔아 일본 전역의 고미술품 가게를 돌아다니며 우리 미술품을 하나둘씩 사들였다. 그리고 이 미술품들을 생이 얼마 남지 않은 1988년 10월 25일 재단법인을 설립하여 기증, 고려미술관을 개관했다. 정조문 선생은 개관사에서 이렇게 말했다.

고려미술관

백자 달항아리 하나에 매료되어 골동품 가게 앞에 멈추어 선 것이 40년 전의 일입니다. 조국은 해방되었으나 내게는 돌아갈 방법이 없었습니다. 언젠가 조국에 돌아간다. 그렇게 결심하며 선물 하나를 하자고 그 골동품 가게 문을 연 것이 '오늘'의 시작입니다. (…) 동포인 젊은이들이여, 부디 알아주십시오. 당신들의 민족은 나날의 생업 그 자체를 문화로 하는 풍요로움을 가지고 살아왔습니다. 당신들에게도 그 풍요로운 생명이 살아 있습니다. 이번에 우리 미술관이 개관하는 데 있어서 내가 바라는 것은 온 나라 사람들이 우리 조국의 역사와 문화를 올바르게 이해함으로써 진정한 국제인이 될 한걸음을 내딛는 것입니다. 한국·조선의 풍토에서 자라난 '아름다움'은 지금도 언어·사상·이념을 초월해 말을 걸고 있습니다. 부디 차분히 그 소리를 들어 주십시오.

정조문 선생은 어린 시절 친구들과 놀던 낙동강 자락을 날마다 그리워했으면서도 살아생전에 고국 땅을 단 한 번도 밟지 않았다. 통일 조국이 아니었기 때문이다. 정조문 선생은 남과 북이 통일될 때까지는 어느 편에도 기대지 않겠다는 뜻을 가지고 있었다. 그래서 미술관 이름을 우리 민족 첫 통일 국가인 고려에서 따왔다. 미술관 이름에 우리 민족의 통일 염원이 담겨 있는 것이다. 현재 미술관에는 1,700여 점의 우리 미술품이 보존되어 있다.

풍요를 기원하는 축제가 열리는
시모가모 신사와 가미가모 신사

고려미술관에 갈 때 여유가 있다면 시모가모 신사(下鴨神社)와 가미가모 신사(上賀茂神社)를 함께 둘러보는 것이 좋다. 데마치야나기역에서 4번 시내버스를 타면 시모가모 신사와 고려미술관을 거쳐 가미가모 신사까지 차례로 갈 수 있다. 4번 시내버스의 종점이 가미가모 신사 앞 정류장이다.

두 신사는 가모강 상류에 위치하고 있다. 두 신사 탐방을 권하는 이유는 신사가 있는 지역이 지금은 교토시의 북쪽 변두리에 불과하지만, 이 지역에서 교토의 역사가 시작되었기 때문이다. 우리나라 신석기 시대에 해당하는 7천 년 전 조몬 토기 시대부터 사람이 살기 시작해 청동기 시대인 야요이 토기 시절에도 사람이 살았다. 이런 땅에 5세기경 야마토(大和, 현 나라현)에서 이주해 온 가모(賀茂) 일가들이 정착하며 신사를 지었다. 교토에서는 처음 세워진 신사였다.

두 신사 중 먼저 세워진 것은 시모가모 신사였다. 가모 일족은 야마토에서 모시고 있던 '가모타케쓰노미노미고토(賀茂建角身命)'를 시모가모 신사에 모셨다. 처음에는 신사 이름을 가모미오야 신사(賀茂御祖神社)라 했다. 조상신을 모신 신사란 뜻이다. 가모타케쓰노미노미고토는 북쪽 산악지대에 살던 단바(丹波)의 여신을 만나 딸을 낳았고 이 딸이 아들을 낳았다. 외손자인 이 자손은 하늘의 천둥번개를

가미가모 신사
시모가모 신사

상징하는 '와케이카즈치노카미(別雷神)'였으며, 이 신을 모시기 위해 가모와케이카즈 신사(賀茂別雷神社)를 세웠다. 이 신사들이 각각 시모가모 신사, 가미가모 신사다.

신사 이름을 왜 이렇게 붙였을까? 이유는 단순했다. 가모 일족은 본래 수렵생활을 했는데, 교토로 이주하며 농경생활로 전환했다. 사냥을 해서 살 때는 뿔을 가진 가모타케쓰노미노미고토를 모셨다. 그러나 농경 위주로 삶의 양식이 변하며 농경 신인 와케이카즈치노카미를 더 모셨다.

현재 두 신사는 합동으로 교토 3대 마쓰리 중 하나인 아오이 마쓰리(葵祭)를 매년 5월 15일에 열고 있다. 전통 의상을 입은 사람들이 교토 고소를 출발해 시모가모 신사를 지나 가미가모 신사로 행진하는 형태의 축제이지만, 기원은 풍요를 비는 제사에서 출발했다. 6세기경 극심한 기근으로 어려움을 겪자 풍년을 기원하는 제를 신사에서 지냈다. 이후 음력 4월에 풍요를 기원하며 제를 지내는 축제로 자리 잡았다. '아오이(葵)'라는 축제명은 가미가모의 와케이카즈치노카미의 꿈에 어머니가 나타나 "나에게 제를 올릴 때는 족두리풀잎을 머리채 장식으로 써다오"라고 한 데서 유래했다. 그래서 지금도 축제에 참여하는 사람들은 머리는 물론 수레 등에 족두리풀잎을 매달고 행진한다.

교토 북동쪽 산골 마을
오하라의 절들

교토 근교 여행에서 빼놓을 수 없는 곳은 오하라(大原)이다. 교토 북동쪽 히에이산 자락에 자리 잡고 있는 산골 마을로 교토역 광장 버스 터미널에서 버스로 약 1시간 정도면 갈 수 있다.

오하라는 논이 거의 없는 첩첩산중 산골 마을이었다. 그래서 오하라의 여자들은 머리에 나무 땔감을 이고 서너 시간을 걸어 교토 니시키 시장에 내다 팔아 가족들을 건사했다. 생활력이 강할 수밖에 없었다. 이런 오하라 여자들을 '오하라메(大原女)'라고 불렀다. 매년 4월 셋째 주에는 많은 사람이 에도 시절 오하라 여성들이 입었던 전통 복장을 차려입고 나뭇단을 인 채 오하라메가 걸었던 길을 걷는 오하라메 마쓰리가 열린다.

오하라는 교토 근교지만 아라시야마나 우지와는 지역성이 조금 다르다. 아라시야마나 우지가 공가나 귀족들의 별장지대였던 반면, 오하라는 오랜 옛날부터 귀족이나 승려들이 전란을 피해서 혹은 목숨을 보전하기 위해 피난했던 은둔의 땅이었다. 이런 곳을 교토 근교 여행으로 추천하는 이유는 역사성을 제외하고 경관으로만 따져도 교토에서 둘째가라면 서러워할 풍치 지구이고 운치 있는 액자 정원을 만끽할 수 있는 사찰 호센인(寶泉院)이 있기 때문이다.

호센인은 옆에 있는 쇼린인(勝林院) 주지 스님의 거처였다. 암자 같은 절은 1183년에 처음 만들어졌으나 중도에 없어졌다가 에도 막부 초기에 다시 지어져 지금까지 이어지고 있다. 내가 이 절을 유독 좋아하는 이유는 이곳에서 액자 정원의 참맛을 느꼈기 때문이다.

액자 정원이란 문의 위와 아래를 가로지르는 문틀과 기둥이 액자가 되어 마치 액자 속의 그림을 보는 것처럼 방 안에서 바깥 경치를 감상하는 정원을 말한다. 일본에 액자 정원은 지역마다 많다. 그러나 호센인의 액자 정원보다 더 운치 있는 곳을 보지 못했다. 다다미가 깔린 방 안에서 무릎을 꿇고 지긋이 앞을 관망하면 수령 700년이 넘은 노송이 대형 액자 속에 담긴 동양화 속의 한 폭 그림처럼 다가온다. 아침 일찍 교토를 출발해서 9시 정각에 첫 번째로 입장해 절에서 내주는 말차 한잔을 옆에 놓고 고요히 정원을 바라보고 있으면, 참선에 전념하는 선승이 따로 없다. 입장료에 말차 값이 포함되어 있어서 매표소에서 끊은 티켓을 보여 주면 안내인이 간단한 다과와 함께 차를 내준다.

교토 시내에서 다소 거리가 있어 우리나라 사람들은 잘 가지 않지만, 700년이 넘은 노송은 교토시 천연기념물로 지정되어 있으며 교토를 대표하는 3대 소나무 중 하나다. 따라서 호센인은 일본 사람들에게는 어느 정도 알려져 있으며, 대부분의 관람객들은 액자 정원을 보려고 이곳을 찾는다.

마루 한편에는 대나무관 2개가 위로 솟구쳐 있다. 스이킨쿠쓰(水琴窟)다. 대나무 관에 귀를 대면 청아한 음악소리가 들린다. 일본 정

호센인

원에 설치된 기구 중 하나로 땅속에 묻어둔 항아리에 물방울이 방울 방울 떨어지며 실로폰 소리 비슷한 오묘한 소리를 자아낸다.

호센인 진입로에 있는 큰 절인 산젠인(三千院)도 볼 만하다. 오하라 지역의 절들은 히에이산 기슭에 있는 절답게 엔랴쿠지의 말사들이다. 산젠인은 일본 천태종 개조인 사이초가 만든 암자로 히에이산 속에 있었으나 오닌의 난 이후 지금 자리로 이전되었다. 산젠인은 황족이 출가해서 대대로 주지를 맡는 몬세키 사찰이었기에 절 내부가 단아하게 잘 가꾸어져 있다. 특히나 초록색 융단을 깔아 놓은 것 같은 이끼 정원과 정원 곳곳에 세워져 있는 동자승 얼굴을 한 지장보살이 마음을 맑고 밝게 한다. 산젠인의 마스코트 역할을 하고 있어서 절을 소개하는 책자에 빠지지 않고 나오는 보살상들이다. 일본의 유명 소설가 이노우에 야스시(井上靖, 1907~1991)가 '동양의 보석상자'라고 극찬한 절이니 틈을 내서 방문해도 시간이 아깝지는 않을 것이다. 오하라 버스 정류장에서 동쪽 방향으로 10분쯤 걸어 오르면 산젠인이 나오고, 산젠인 입구에서 안으로 조금 더 걸어 들어가면 쇼린인, 호센인이 나란히 있다.

가을 단풍이 아름답기로 소문난 잣코인(寂光院)은 오하라 버스 정류장에서 서북쪽으로 20분쯤 걸어가면 있다. 쇼토쿠 태자가 594년에 아버지 요메이 천황(用明, ?~587)의 영혼을 위로하기 위해 창건했다고 전해지는 절이다. 초대 주지는 쇼토쿠 태자의 유모이자 일본 최초의 비구니 에젠니(惠善尼, ?~?)가 맡았다. 헤이안 시대 말기에 천황을 지냈던 안토쿠 천황(安德, 1178~1185)의 어머니 겐레이몬인(建礼門院, 1155~1214)도 잣코인에서 수도하며 여생을 마쳤다.

다이라 가문 출신이었던 겐레이몬인은 헤이안 시대 말기에 정국의 주도권을 놓고 치열하게 다투었던 겐지(源氏) 가문과의 전쟁인 겐페이 전쟁 때, 마지막 전투지인 시모노세키 앞바다 단노우라 해협에서 승부가 겐지 가문 쪽으로 기울자 여덟 살이었던 안토쿠 천황을 품에 안고 몸을 던졌다. 하지만 운명의 장난인지 천황만 죽고 본인은 구조되었다. 이후 그녀는 교토로 압송되었다가 오하라 잣코인에 유폐되었다. 절 옆에 겐레이몬인이 머물렀던 암자 터가 있다.

오하라 탐방은 교토 시내에서 버스를 타고 가더라도 한나절이면 된다. 하지만 왕복 2시간이 소요되니 잣코인 쪽에서 식사를 하고 싶다면 절 아랫마을에 있는 쿠모이차야(雲井茶屋)를 이용하자. 나베 요리를 전문으로 하는 맛집이다. 오하라 지역에서 오래전부터 전해 내려오는 방식으로 담근 일본 된장 미소를 풀어 만든 미소나베가 일품이다. 1인분 주문도 가능하며, 봄이나 가을과 같은 관광 시즌만 아니라면 우동, 소바 등 단품 메뉴도 주문할 수 있다. 관광 시즌이라면? 미소나베만 주문 받을 것이다. 결제는 현금만 가능하다.

만약 산젠인 근처에서 식사를 하고 싶다면 절로 들어가는 입구에 있는 세료 히나사토(芹生 ひな里)를 추천한다. 대표 메뉴는 3단 도시락으로 미치쿠사 벤토(三千草弁当)다. 오하라에서 나는 제철 채소를 활용한 여러 요리가 3단 도시락에 담겨 나온다.

산젠인

잣코인

오하라 버스 정류장에서 산젠인을 오르는 길과 절 앞 광장에 기념품 가게가 몇 곳 있다. 이들 가게에서 주로 파는 특산물은 절임 음식이다. 이유가 있다. 오하라는 차조기로 붉은색을 낸 절임 식품인 시바즈케(紫葉漬け)가 특산품인 지역이다. 그러다 보니 절임 음식을 파는 가게들이 곳곳에 있다. 그중에서 전통과 역사를 자랑하는 가게는 1945년에 창업한 시바큐(志ば久)다. 산젠인 앞에 점포가 있으며, 오하라에서 재배한 채소로만 시바즈케를 만드는 곳으로 유명하다.

다카오의
고잔지

다카오(高雄)는 교토 북서쪽 외곽에 있는 닌나지 옆 국도를 버스로 50분쯤 가면 나오는 산골 마을이다. 높직한 산들로 둘러싸인 작은 분지 안에 집들이 들어서 있어서 마을 중심에 서서 주변 풍광을 보면 이리 봐도 산, 저리 봐도 산인 완전한 산골이다. 오하라를 심산유곡에 있는 산골 마을이라 했지만, 오하라는 다카오에 비하면 양반이다. 나름 너른 대지를 가지고 있어서 자급자족이 가능할 정도지만, 다카오는 산에서 나오는 물산이 아니면 예전에는 사람이 일절 살 수 없었을 정도로 산간에 자리 잡고 있다.

이런 데를 굳이 가야 하는지 의문을 품을 수 있지만, 우리나라 사람이라면 반드시 들러 봤으면 하는 절 고잔지(高山寺)가 도카노오산(梅尾山) 자락에 있다.

고잔지에는 15세기 무렵에 그려진 걸로 추정되는 원효대사와 의상대사 초상화가 있다. 우리 선조들이지만, 우리나라에는 19세기 이후의 초상화만 전해진다. 또한 고잔지에는 의상대사와 선묘낭자의 인연을 그린 두루마리 그림도 있어서 두루두루 우리나라와 인연이 깊은 사찰이다. 하지만 아쉽게도 원본은 볼 수 없다. 절 내에 유물관이 없어서 주요 유물을 교토국립박물관에서 보관하고 있다.

고잔지는 서쪽으로 20분쯤 가면 있는 진고지(神護寺)의 말사로 헤이안 시대인 8세기경에 개창되었다. 처음에는 '진간지토가노오보(神願寺都賀尾坊)'로 불렸다. '坊(방)'이 동네나 가게를 뜻하지만, 작은 절이란 뜻도 담겼으니 처음에는 암자보다도 못한 아주 작은 수행처였을 것이다. 이런 곳을 13세기 무렵 화엄사상을 공부하던 승려 묘에(明惠, 1173~1232)가 들어와 고잔지로 재탄생시켰다.

고잔지 창건주라 할 수 있는 묘에는 헤이안 시대 말기인 1173년에 태어났다. 아버지가 무사였으나 양친이 일찍 세상을 떠나는 바람에 여덟 살에 진고지에 맡겨져 본인의 의지와는 무관하게 승려가 되었다. 그 후 열다섯 살에 화엄종의 본산인 나라 도다이지에서 정식으로 승적을 받아 화엄 사상을 바탕으로 참선 수행에 열중했다.

묘에가 불법을 공부하던 시기는 가마쿠라 막부 시대로 중국으로부터 여러 불교 종파가 전해지며 정토종, 임제종, 일련종 등 다양한

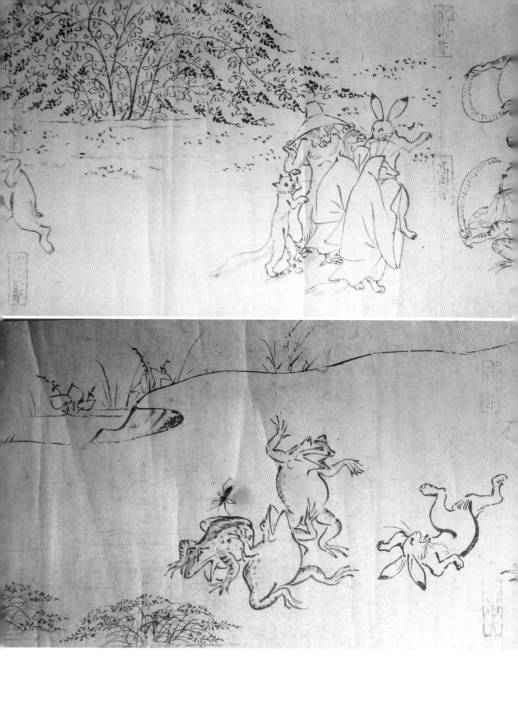

〈조수인물희화도〉

종파가 등장해 포교에 열중하던 시기였다. 이때 묘에는 유행처럼 번지던 새 종파들에 들뜨지 않고 기존부터 있었던 화엄종의 가르침 속에서 참선 수행을 하며 묵묵히 자기 길을 걸어갔다. 교토 시내에 있는 지온인에서 정토종을 포교하고 있던 호넨이 염불만 열심히 하면 누구나 부처가 될 수 있다고 하며 대중에게 크게 인기를 끌고 있을 때였다. 이때도 묘에는 불법은 염불을 통해서 구해지는 것이 아니라 오직 참선을 통해서만 구할 수 있다는 일향좌선(一向坐禪)을 주장하며 호넨을 비판했다. 일본을 대표하는 옛 그림 중에 소나무 가지 위에 앉아 삼매경에 빠진 묘에 초상화가 있다. 묘에의 수행 방식인 일향좌선을 상징적으로 나타낸 그림이다.

이처럼 시류에 얽매이지 않고 묵묵히 자기 수행에 정진하던 묘에에게 고토바 상황(後鳥羽, 1180~1239)은 뜨는 해가 가장 먼저 비추는 높은 산의 절이란 뜻의 '일출선조 고산지사(日出先照高山之寺)' 편액을 손수 써서 내려주며 화엄종 중흥의 근본도량으로 삼게 했다. 1206년 고잔지가 탄생하는 순간이었다. 1216년에는 묘에와 제자들이 마음 놓고 수행할 수 있는 전각까지 지어 주었으니, 현재 고잔지에서 가장 유명한 세키스이인(石水院)이다. 궁정 귀족인 공가들의 주택 양식인 신덴즈쿠리(寢殿造)로 지어진 건축물로 본래는 절 북쪽에 있는 금당 바로 아래에 있었으나 1889년에 현재 위치로 이전해 놨다. 실내에는 고토바 상황과 묘에의 친필 편액이 걸려 있다. 또한 나무로 조각된 강아지 한 마리가 있는데 멀리서 보면 불곰처럼 보인다.

묘에가 길렀다는 강아지로 가마쿠라 막부 전기 시대를 살았던 뛰어난 조각가 단케이(湛慶, 1173~1256)의 작품이다.

한편, 세키스이인 실내 진열대에는 두루마리 종이에 붓으로 스케치한 동물 그림이 전시되어 있다. 글 없이 그림으로만 갑을병정 4권으로 구성된 〈조수인물희화도鳥獸人物戱畵圖〉로 12~13세기에 그려진 그림으로 추정하고 있다. 토끼, 고양이, 원숭이, 여우, 쥐 등 11종의 동물이 수영, 활쏘기, 씨름을 하면서 즐겁게 놀고 있는 모습을 그린 갑권이 가장 유명하다. 일본에서는 이 그림을 일본 만화의 원조로 생각하는데, 국보로 지정된 진본은 교토국립박물관 수장고에 있다. 일본 중고등학교 미술 교과서에 실린 유명한 작품으로 일본 사람들이 고잔지를 찾는 이유는 대부분 이 그림을 보기 위해서라고 한다.

고잔지는 일본 최초의 차 재배지로도 유명하다. 교토 시내에 있는 겐닌지를 창건한 에이사이 선사는 송나라에 유학하고 돌아오며 차나무 씨앗을 가지고 왔다. 이를 곳곳에 나누어 뿌렸는데, 일부가 고잔지 주변에 뿌려졌고 싹이 터서 차밭이 조성되었다. 이 차밭이 현재 일본 차의 첫 재배지로 인정받고 있다. 일본에서 녹차 하면 교토 남쪽에 있는 우지차를 손꼽는다. 그런데 우지에 대규모 차밭이 조성된 것은 무로마치 시대에 고잔지의 차나무를 옮겨 재배에 성공했기 때문이다. 그래서 우지의 차 제조업자들은 매년 새 차가 만들어지면 고잔지로 가져와 묘에를 모신 사당 앞에 헌상하고 있다.

이처럼 여러 면에서 특색 있는 절인 고잔지는 심산유곡에 자리

고잔지의 차밭

하고 있는 절답게 풍광 또한 수려하다. 사시사철 언제 가도 산색이 수려하지만, 가장 멋진 풍경을 드러내는 시기는 가을 단풍철이다. 세키스이인 난간에 기대어 앞산 단풍을 음미하며 신선놀음을 즐길 만하다.

교토 시내에서 고잔지로 가는 가장 쉬운 방법은 교토역 광장에서 슈잔(周山)이 종점인 JR버스 다카오게이호쿠선(高雄京北線)을 타는 것이다. 다카오 마을을 지나 도카노오(梅ノ尾) 정류장에서 내리면 고잔지에 바로 오를 수 있다. 만약 다카오행 교토 버스를 탔다면 종점에서 내려 군데군데 설치된 이정표를 보며 20분 정도 걸어가면 된다. 고잔지에 갔을 때, 여유가 있다면 진고지와 사이메지(西明寺)를 둘러 봐도 좋다. 넉넉잡아 2시간 정도면 세 절을 모두 볼 수 있다.

우지의
뵤도인과 윤동주 시비

녹차 산지로 유명한 우지(宇治)는 교토 후시미구와 경계 지어 남서쪽에 자리하고 있다. 우리나라에서 녹차 하면 전남 보성을 연상하는 것처럼 일본에서는 녹차나 말차 하면 우지를 꼽을 정도로 차의 명산지이다.

우지 북쪽에 있는 비와호에서 내려온 물길이 이 도시를 지나며 우지강이 되고, 이 강은 교토에서 내려오는 가쓰라강과 만나 큰 물줄기의 요도강이 되어 오사카로 흐른다. 이 때문에 우지는 예로부터 비와호 지역과 교토, 오사카 지역의 물산을 연결하는 수상 교통의 요지였다. 또한 우지 남쪽에 헤이안 시대 이전의 수도였던 나라가 있어서 교토와 나라를 잇는 육상 교통의 요지이기도 했다. 풍광도 수려해서 교토의 황족과 귀족들이 유람을 와서 풍류를 즐겼던 유흥 장소이기도 했다.

보도인(平等院)은 헤이안 시대인 1053년에 서방의 극락정토에 살고 있는 아미타여래를 모시기 위해 지은 절이다. 그런데 우지에 가서 보도인을 보면 절 같지 않다. 일본 절이라 그럴 수 있겠거니 할 수도 있지만, 보면 볼수록 궁궐이나 권세가 큰 귀족이 사는 가정집 같다. 왜 그런가 하면 헤이안 중기 시대에 국가 권력을 좌지우지했던 후지와라노 미치나가(藤原道長, 966~1028)가 여흥을 즐기기 위해 우지 강변에 지은 별장을 아들인 후지와라노 요리미치(藤原賴通, 992~1074)가 사찰로 개조했기 때문이다.

왜 호화별장을 절로 바꾸었을까? 불교 경전에 따르면 석가모니가 죽은 이후 세상은 정법(正法), 상법(像法), 말법(末法) 시대로 진행되며 세상이 점차 혼탁해진다고 했다. 마지막 단계인 말법 시대는 1만 년으로 석가의 가르침만 남고 깨우침은 없는 시기이다. 이 시기에 세상은 혼돈의 구렁텅이로 빠져들며 온갖 악귀가 난무하는 무법천지가 된다. 그런데 일본에서는 1052년이 말법 시대가 시작되는 해라는

보도인

설이 유포되며 세상인심이 뒤숭숭해졌다. 이른바 기독교에서 말하는 종말론이 등장하며 '휴거' 소동이 발생한 것이다. 이러한 시기에 정치를 주도하고 있던 후지와라노 요리미치는 세상 사람들의 구제를 소원하며 서방 극락정토에 머물고 있는 아미타불을 모셔다 흔들리는 세상인심을 다잡고 극락왕생하기 위해 초호화 별장을 아미타불을 본존불로 모시는 보도인으로 개조했다.

보도인은 우지강을 바라보며 동향으로 앉아 있다. 일반적인 집들이 남향으로 짓는 데 반해 보도인은 동향집인 것이다. 아미타여래가 서방정토에 사는 부처님이니 동쪽으로 향하게 한 것이다. 중심이 되는 가운데 건물은 처마가 높게 치솟은 팔작집으로 올리고 좌우로 균형을 맞춰 긴 회랑을 기역자로 펼쳐 놓았다. 화려하면서도 단아하게 지어져 연못 건너편에서 보는 맛이 꽤 좋다.

중당의 지붕 좌우에는 금동 봉황새가 마주 보고 있다. 이 새들로 인해 보도인은 '봉황당'이란 또 다른 이름을 가지고 있다. 중당 건물에는 격자무늬 창살을 설치해 놓고 부처님의 얼굴 부위만 선명하게 드러나도록 원형 창을 뚫어 놨다. 밤에 중당 안에 불이 밝혀지면 연못 너머에서 보는 격자무늬 창살 사이로 모습을 드러내는 아미타상이 가히 환상적이다. 이 모습 하나만으로도 보도인에 오길 잘했다는 생각이 든다. 아미타불이 앉아 있는 중당 안에는 사방 벽에 구름을 타고 하늘을 나는 보살상들을 설치했다. 운중공양보살상(雲中供養菩薩像)으로 총 52구가 배치되어 있었으나, 이 중 26구는 떼어내어 봉상관 벽에 새로 부착했다.

2001년에 개관한 봉상관은 뵤도인의 외관을 해치지 않으려고 건물 뒤편에 나직하게 현대식으로 지어 놓았다. 이곳 전시관 안 벽면에 운중공양보살상 26구가 구름을 타고 하늘을 유영하는 것처럼 설치되어 있다. 매우 인상적인 배치법이다. 전시관 안에는 건물 꼭대기를 지키고 있는 봉황상도 있다. 날개를 활짝 펼치고 있는 봉황의 모습이 매력적이다.

일본 3대 명종으로 꼽히는 뵤도인 범종도 여기서 볼 수 있다. 사실 범종은 우리나라 것이 으뜸이라 중국이나 일본 범종은 눈에 잘 들어오지 않는다. 하지만 뵤도인 범종은 우리나라 범종 양식에 근접하게 만들어져서 일본 3대 범종 중 하나란 자부심이 허세가 아님을 느낄 수 있다. 일본 범종 전문가들은 형태는 뵤도인 종이요, 소리는 미이데라(三井寺) 종, 몸체에 주조된 글씨는 진고지 종을 최고로 친다.

뵤도인에서 우지강변으로 나와 하류 쪽으로 조금 걸으면 우지교 아래에『겐지모노가타리』를 쓴 무라사키 시키부(紫式部, ?~?) 동상이 있다. 우지교 자체가『겐지모노가타리』의 마지막 편인「우지 10경」에 등장한다. 중급 귀족의 딸로 태어난 무라사키 시키부는 궁중에서 천황 부인들의 말동무인 뇨보(女房)로 있으면서 11세기 초반에 '히카리 겐지'라는 바람둥이 왕자를 주인공으로 한 장편 연애 소설을 지었다. 200자 원고지로 4,800매에 달하는 방대한 분량으로 등장인물만 300명 넘게 나온다. 내용은 현대인의 성윤리로도 도저히 봐 줄 수 없

는 농염한 사랑 이야기로
가득 차 있다. 우지교 건너
에는 다양한 형태로 작가와
책 내용을 소개하는 겐지모
노가타리 뮤지엄도 있다.

한편, 우지강 자락에는
윤동주 시인의 시비가 있
다. 겐지모노가타리 뮤지엄
에서 나와 우지강변 물길을
따라 상류 쪽으로 40분쯤
걸으면 1943년 윤동주 시
인이 휴학을 하고 귀국하기
전에 친구들과 송별 나들이
를 가서 사진을 찍었던 야

윤동주 시비

마가세쓰리바시(天ヶ瀬吊り橋)가 나온다. 윤동주 시인의 모습이 담긴
마지막 사진이 이곳에서 친구들과 함께 찍은 기념사진이다.

상류 쪽으로 다시 10분쯤 걸어가면 나오는 핫코바시(白虹橋) 기
슭에 '기억과 화해의 비(記憶と和解の碑)'란 이름으로 윤동주 시비가
서 있다. 윤동주 시인의 시를 좋아하는 우지 시민들이 윤동주 시인
이 살아생전에 우지와도 인연이 있었음을 알고 '시인 윤동주 기념비
건립위원회'를 만들었다. 2005년에 시비를 세우기 위해 모금 활동을

시작했는데, 문제는 장소를 확보하지 못했다. 그래서 무려 12년 동안 우지시청을 설득한 끝에 윤동주 시인이 마지막 사진을 찍은 다리가 보이는 핫코바시 기슭에 공간을 확보해 2017년 10월에 시비를 세웠다. 비의 형태는 시비는 윤동주의 '주(株)' 자가 나무 그루터기를 뜻하는 한자라는 데 착안한 나무 기둥 모양으로, 한반도산 화강암에는 한글로, 일본산 화강암에는 일본어로「새로운 길」이 새겨져 있다.

교토는 천년 수도였던 도시답게 150만이 사는 곳임에
도 열 발짝만 걸으면 옛날 풍정(風情)을 되돌아볼 수 있
는 유적지가 있습니다. 유적들은 만들어지던 당시 모
습 그대로이기도 하지만, 어떤 것은 흔적도 없이 사라
지고 작은 표지석 하나로 외롭게 서 있기도 합니다.

교토 여행은 미리 이동하는 노선을 정하고 배낭 하
나 가볍게 걸쳐 메고 터벅터벅 걸어서 하는 것이 최상
입니다. 이곳저곳에 눈길 주며 걷다 보면 의외의 유적
지가 눈앞에 나타나곤 합니다. 걷기 여행이 가지는 큰
장점이지요. 그렇다고 굳이 제가 제시한 동선 그대로
여행을 할 필요는 없습니다. 저는 교토를 여러 번, 그것
도 가로 세로 직선으로 연결되어 있는 교토 시내의 거
의 모든 길을 걸어서 여행했기에 주마간산격으로 스치
며 걸어도 눈에 쏙쏙 답사지가 보입니다.

하지만 처음 가는 여행자들은 한 장소에서 머무르

는 시간이 길어서 하루 일정을 저처럼 많이 잡지 못합니다. 그럼에도 도저히 무리일 정도의 여러 답사지를 하루 코스에 넣은 이유는 그 동선 안에서 스토리텔링이 가능한 여행지 전체를 탐방자들에게 제시하고 싶었기 때문입니다. 따라서 교토 여행을 떠난다면 뺄 것은 빼고 넣을 것은 넣어서 자기만의 맞춤형 교토 여행을 하시기 바랍니다. 또한 굳이 걸어서만 여행을 하려 하지 말고 다리가 아프거나 시간 여유가 없으면 다양한 대중교통을 활용하시기 바랍니다. 교토에서 가장 체계적으로 잘된 교통망은 버스입니다. 버스 노선도만 가지고도 전 시내를 활보하며 다닐 수 있습니다.

　삶은 우연이 필연을 지배할 때가 많습니다. 우연에 기대어 천년고도 교토에서 행운을 누려 보십시오. 즐겁고 행복한 교토 여행이 되길 기원합니다.

〈참조한 책들〉

『간양록』, 강항, 이을호 옮김, 서해문집, 2005

『교토 나라』, 일본JTB출판사업국, 한길사, 2002

『교토에 반하다』, 송옥희·김정우, 혜지원, 2014

『교토의 밤 산책자』, 이다혜, 한겨레출판, 2019

『나의문화유산답사기-일본편 3, 4』, 유홍준, 창비, 2020

『난생 처음 교토』, 정해경, 메이트북스, 2018

『리얼 교토』, 황성민·정현미, 한빛라이프, 2019

『불교의 모든 것』, 곽철환, 행성B, 2014

『새 먼나라 이웃나라-일본 1, 2』, 이원복, 김영사, 2000

『서울과 교토의 1만 년』, 정재정, 을유문화사, 2016

『신 일본 속의 한국문화답사기』, 이윤옥·김영조, 바보새, 2011

『신안보물선의 마지막 대항해』, 서동인·김병근, 주류성, 2014

『아무래도 교토』, 스티브 와이드·미셸 매킨토시, 심혜경 옮김, 클, 2018

『역사와 문화로 보는 일본기행』, 이경덕, 예담, 2001

『육조단경』, 원순, 법공양, 2005

『일본 도자기 여행: 교토의 향기』, 조용준, 도도, 2017

『일본 서기』, 성은구 옮김, 정음사, 1987

『입당구법순례행기』, 엔닌, 김문경 옮김, 중심, 2002

『조선통신사의 여정』, 신기수, 김경희 옮김, 월인, 2018

『처음 읽는 일본사』, 전국역사교사모임, 휴머니스트, 2018

『천년 교토의 오래된 가게이야기』, 무라야마 도시오, 이자영 옮김, 21세기북스, 2019

『칼에 지다 상, 하』, 아사다 지로, 양윤옥 옮김, 북하우스, 2014

『하룻밤에 읽는 일본사』, 가와이 아쓰시, 원지연 옮김, RHK, 2020

『Tripful KYOTO』, 양미석, 이지애북스, 2019

『京都·觀光文化時代MAP』, 新創社, 光村推古書院, 2006

『京都櫻旅』, 水野克比古·水野秀比古, 光村推古書院, 2017

『京都紅葉旅』, 水野克比古·水野秀比古, 光村推古書院, 2017

『都をどり』, 大丸

『伏見の旅』, 「THE伏見」編集部, 淡交社, 2015

교토 갈까?
한 권으로 떠나는 한 도시 이야기

ⓒ장용준, 2022

초판 1쇄 발행 2022년 11월 1일

지은이 장용준
펴낸이 김혜선 **펴낸곳** 서유재 **등록** 제2015-000217호
주소 (우)04034 서울 마포구 잔다리로7길 18(서교동 377-20) 504호
전화 070-5135-1866 **팩스** 0505-116-1866 **대표메일** seoyujaebooks@gmail.com
종이 엔페이퍼 **인쇄** 성광인쇄

ISBN 979-11-89034-68-9 03910